Cómo redactar
y presentar tus trabajos

Cómo redactar
y presentar tus trabajos

Ron Fry

EVEREST

Título original: *Improve Your Writing* by Ron Fry
Traducción: Alejandra López Varela
Ilustración de cubierta: David de Ramón

Dirección editorial: Raquel López Varela
Coordinación editorial: Ángeles Llamazares Álvarez
Diseño de la colección: David de Ramón

Copyright © Career Press
y EDITORIAL EVEREST, S. A.
Carretera León-La Coruña, km 5 - LEÓN
ISBN: 84-241-2581-9
Depósito Legal: LE: 1 661-1999
Printed in Spain - Impreso en España

EDITORIAL EVERGRÁFICAS, S. L.
Carretera León-La Coruña, km 5
LEÓN (ESPAÑA)

Índice de contenidos

Prólogo
¿A quién va dirigido este libro?

La mayoría de vosotros sois estudiantes, y no só-lo estudiantes de los cursos superiores de Ense-ñanza Secundaria, como siempre pensé que eran mis lectores, sino también estudiantes de los ni-veles inferiores (lo que dice mucho de vosotros en cuanto a vuestra motivación y posible éxito) y estudiantes universitarios (cuyo número es cada vez mayor debido a una deficiente preparación en el bachillerato).

Muchos sois adultos. Algunos queréis regresar al colegio y otros hace mucho que lo dejasteis, pero os habéis dado cuenta de que si aprendéis ahora las técnicas de estudio que en su tiempo nunca os enseñaron, podéis obtener mejores resultados en vuestra vida profesional, sobre todo si sois capaces de redactar un escrito que llame la atención o un informe brillante.

Algunos de mis lectores son padres que siempre se quejan de lo mismo: "¿Cómo puedo conseguir que mi hijo mejore en el colegio? Su noción de documentarse es leer el cómic adecuado de Clásicos Ilustrados.

Quisiera dedicar unas páginas para clasificar a mis lectores y tratar de estudiar las circunstancias específicas de cada uno de ellos.

Si eres un estudiante de Enseñanza Secundaria

Si estás en la etapa superior, deberías sentirte bastante identificado con el lenguaje y el formato del libro: frases y párrafos más o menos cortos, encabezamientos y subtítulos medianamente ingeniosos (o eso espero), y un vocabulario razonable y nada artificioso. Lo escribí pensando en ti. Aunque habrás realizado comentarios de libros, proyectos y breves trabajos en los cursos anteriores, puedes estar seguro de que ahora tendrás que entregar trabajos de diez a quince páginas con bastante regularidad. Y si estás pensando en ir a la universidad, te garantizo que tendrás que dominar estas técnicas.

Si eres un estudiante de los primeros cursos, estás intentando aprender a estudiar en el momento más adecuado. Es precisamente durante estos años, antes de dar el gran paso a la segunda etapa, cuando debes desarrollar plenamente estas capacidades. Si te tomas tan en serio tus estudios como para leer este libro, no creo que tengas demasiados problemas con los conceptos o el lenguaje.

Si eres un estudiante universitario "típico"...

... entre los 18 y los 23 años, espero que domines, si no todas, la mayoría de las técnicas de estudio básicas, sobre todo la lectura y la escritura. Si no es así, debes ponerte como primer objetivo el aprendizaje, la utilización y el dominio de todas las técnicas de estudio que analizo en mis nueve libros de esta serie. No lo dejes pasar, pero tampoco te pongas un límite de tiempo. Tómate el tiempo que necesites para aprenderlas ahora.

Puede que hayas sido capaz de arreglártelas en el bachillerato copiando apartados enteros de confusos libros de referencia cada vez que había que entregar un trabajo, jugándote la nota y rezando para que el profesor no descubriera tu fuente de información. No creo que me equivoque al pensar que al llegar a la universidad habrás visto que es otro mundo, y que se acabará pronto para ti si no te pones ahora mismo a mejorar tus técnicas de estudio.

Si eres el padre de un alumno de cualquier edad

Tal vez en el colegio de tu hijo no se esté haciendo el máximo esfuerzo por enseñarle a estudiar. Lo que significa que tu hijo no está aprendiendo a aprender. Lo que a su vez implica que no está aprendiendo a tener éxito.

¿Debería ser éste el objetivo de los colegios? Por supuesto que sí. Después de todo, una gran parte del presupuesto nacional se invierte en educación primaria y secundaria. Por ese dinero deberíamos conseguir algo más que un posible título académico y una entrada más que deficiente al mercado laboral.

¿Qué podéis hacer los padres?

Seguramente en el mundo hay más padres que hijos interesados en estas cuestiones, ya que la primera llamada telefónica que recibo en cualquiera de mis apariciones en la radio o en la televisión proviene de un padre sinceramente preocupado que pregunta: "¿Qué puedo hacer para ayudar a mi hijo a que mejore en el colegio?".

Pues bien, aquí están las reglas para los padres de estudiantes de cualquier edad:

1. **PREPARA UN CUARTO DE ESTUDIO.** Sin posibles distracciones, bien iluminado y con todo lo que tu hijo pueda necesitar a mano.

2. **ESTABLECE UNA RUTINA DE ESTUDIO.** El momento y el lugar en el que se tiene que realizar. El horario debe ser el mismo todos los días.

3. **DELIMITA UNAS PRIORIDADES DE ESTUDIO.** Es decir, deja claro que el estudio es algo esencial y que está antes que una cita, la televisión o cualquier otra cosa.

4. **HAZ DE LA LECTURA UNA COSTUMBRE.** No sólo para ellos, sino también para ti, en caso de que no lo sea ya. Los niños harán inevitablemente lo que hagas, no lo que digas (incluso si dices no hacer lo que haces). Así que si continúas regañándoles para que lean mientras enciendes la televisión para ver la octava serie de la noche, ¿qué ejemplo les estarás dando?

5. **APAGA EL TELEVISOR.** O, al menos, pon los límites de tiempo que consideres apropiados. Esto puede que sea lo que más te cueste. Créeme, soy padre de un niño de siete años y lo sé. Hazlo lo mejor que puedas.

6. **HABLA CON LOS PROFESORES.** Averigua lo que tus hijos deberían estar aprendiendo. Si no lo consigues, no podrás supervisar correctamente su trabajo: podrías estar enseñándoles cosas que no tienen nada que ver con lo que aprenden en el colegio.

7. **ANÍMALO Y MOTÍVALO,** pero no estés todo el día presionándole para que estudie. No funciona.

8. **SUPERVISA SU TRABAJO,** pero no caigas en la trampa de hacérselo.

9. **DALE LA ENHORABUENA,** pero no lo elogies cuando haya hecho un trabajo mediocre. Los niños saben perfectamente cuándo estás pasando algo por alto. Desconfía de cualquier colegio o profesor que se preocupe más por la autoestima del muchacho que por sus notas, aptitudes o habilidades. No estoy defendiendo la renuncia a la gloria cuando se ha hecho un buen trabajo, pero los niños necesitan captar el mensaje de que "en esta vida nadie te regala nada" y que hay que trabajar muy duro para verse recompensado. Las horribles historias en las que los profesores ponen buenas notas, reducen los programas al mínimo y no ponen deberes porque tienen miedo de que los niños vayan a "sentirse mal" si no lo hacen bien, son precisamente eso: historias terroríficas que ponen los pelos de punta. Este tipo de tácticas sólo consiguen que el batacazo de esos niños cuando se enfrenten al mundo real sea descomunal, un mundo que juzgará sus aptitudes y habilidades y al que le importa poco lo "afectados" que se puedan sentir.

10. **Ábreles los ojos al mundo.** (Sobre todo a los estudiantes mayores). Estoy de acuerdo en que será una empresa más difícil que la de apagar el televisor. Pero aprender y convencerse de que en el mundo real las notas no cuentan y que serán juzgados por lo que saben y lo que pueden hacer es una lección que ahorrará muchas lágrimas (seguramente tuyas). Nunca es demasiado pronto para empezar a enseñarle a tu geniecillo (con sutileza) que la vida no es justa. Por eso es de vital importancia que les transmitas fortaleza y determinación, para que cuando se caigan puedan volver a levantarse, sacudirse el polvo e intentarlo de nuevo.

11. **Si te lo puedes permitir, cómprale un ordenador** con todos los programas que sea capaz de manejar. Muchas personas han venido defendiendo esta idea durante años (incluido yo) y no hay motivos para rechazarla. Tus hijos, tengan la edad que tengan, deben dominar perfectamente las nuevas tecnologías (ordenadores) para sobrevivir, tanto en la vida académica como en la laboral, y no digamos para triunfar en la vida. Incluso se ha demostrado empíricamente esta teoría: un reciente estudio realizado durante diez años ha demostrado que los niños que manejan ordenadores aprenden con más rapidez y obtienen mejores resultados en los exámenes.

La importancia de tu interés

No desestimes ni por un segundo la importancia de tu papel en el éxito de tus hijos. Tu responsabilidad en su educación es clave para su éxito. Sorprendentemente, los resultados de todos los estudios realizados en los últimos veinte años sobre los factores que condicionan el éxito del alumno en el colegio muestran claramente que hay un factor que siempre afecta de forma contundente a este éxito: el interés de los padres. No tanto el tamaño de las aulas, el dinero invertido en el alumno, el número de laboratorios de idiomas, el número de alumnos del colegio o los magníficos (o desastrosos) profesores que pudieran tener. Que todo influye, es cierto, pero nada de forma tan significativa como el interés de los padres.

No desestimes ni por un segundo la importancia de tu papel en el éxito de tus hijos. Tu responsabilidad en su educación es clave para su éxito.

Así que, por favor, tómate tu tiempo para leer este libro (y los demás libros de esta serie, en especial, *Cómo estudiar mejor*). Infórmate de lo que tus hijos deberían estar aprendiendo para poder saber qué otros libros de la serie podrían resultarles útiles.

Podrás serles de gran ayuda, aunque nunca hayas sido un buen estudiante ni te enseñaran fabulosas técnicas para mejorar tu forma de estudiar. Ahora puedes aprender con tu hijo, y no sólo serás de gran ayuda al niño en el colegio, sino que también podrás aplicar lo aprendido a tu trabajo, sea del tipo que sea.

Si eres un estudiante atípico

Si vas a volver al instituto, a la universidad o quieres obtener el título de bachillerato con 25, 45, 65 u 85 años, probablemente necesites la ayuda que estos libros te ofrecen más que nadie. ¿Por qué? Porque cuanto más tiempo lleves apartado de las aulas, más te costará recordar lo que habías olvidado. ¡Y seguramente has olvidado lo que se supone que debías recordar! Aunque siempre digo que cuanto antes se empiece a adquirir hábitos de estudio, mejor, también debo subrayar que nunca es tarde.

Si tu objetivo es volver a estudiar e intentar aprobar una parte de las asignaturas a la vez que trabajas o sacas adelante una familia, o ambas cosas, debes saber que te encontrarás con una serie de problemas específicos que no tuviste la primera vez que fuiste al colegio:

1. **PRESIONES DE TIEMPO Y DINERO.** No vamos a engañarnos, cuando la única preocupación que se tiene es la de ir al colegio, por fuerza tiene que ser más sencillo que combinarlo con una familia y un trabajo para ganarse la vida al mismo tiempo. (¡Vaya que si lo es!). Saber administrar el tiempo es esencial para poder compaginar el trabajo, la familia, el club, los amigos, etc., con el compromiso de los estudios. La administración del dinero es otra práctica esencial: calcular el mantenimiento de los niños (algo de lo que seguramente no tenías que preocuparte cuando ibas a la escuela), distribuir las responsabilidades y recortar horas de trabajo para sacar tiempo y poder ir a clase.

2. **M<small>IEDO A LA INCAPACIDAD</small>** que uno se impone a sí mismo. Puedes convencerte de que "has perdido práctica" en las asignaturas del colegio. ¡Ni siquiera recuerdas lo que se hace con una carpeta! Aunque una parte de este miedo es comprensible, el resto no.

Es comprensible que te incomode volver a un entorno académico que hace diez o veinte años que no pisas. Es verdad que es un mundo diferente al del trabajo diario (pero este tema lo trataré más adelante). Es cuestión de adaptarse, y, créeme, se solucionará en cuestión de días, o de horas. Creo que muchos de vosotros lo que realmente teméis es no tener ya la "mentalidad" del colegio. O quizá, y sería lo más apropiado para este libro, tenéis oxidadas las aptitudes que necesitáis para lograr el éxito en los estudios.

Me temo que estos últimos miedos son infundados. Has estado fuera pensando y haciendo cosas durante bastantes años, y seguro que satisfactoriamente, así que es del todo ridículo pensar que la escuela será tan diferente. No lo será. Relájate. Y aunque creas que tus técnicas de estudio están oxidadas, como decíamos antes, lo más seguro es que las hayas utilizado a diario en tu trabajo. Si no soy capaz de convencerte, siempre cuentas con mi libro *Cómo estudiar mejor*, que te refrescará la memoria.

Quizá estés preocupado porque no abonaste la poderosa planta del estudio la primera vez. Tampoco lo hicieron Edison o Einstein, ni otros muchos personajes que lograron un mayor o menor éxito en la vida. Y además, ¿no has cambiado significativamente desde los felices días de las canicas? ¿No has cambiado varias veces de empleo, levantado una familia y ahorrado dinero adquiriendo cada vez más y más responsabilidades? Concéntrate en lo que has avanzado y en lo preparado que estás ahora en relación con antes.

3. **SIENTES QUE NO ESTÁS "EN TU ELEMENTO".** Éste es un miedo diferente, es el miedo a no encajar. Después de todo, ya no tienes dieciocho años. Aunque tampoco los tienen la mitad de los estudiantes universitarios de un campus de hoy en día. Es cierto, más del cincuenta por ciento de los estudiantes universitarios tienen más de veintidós años. Seguro que te sentirás más en tu elemento ahora que antes.

4. **VERÁS A LOS PROFESORES DESDE OTRO PUNTO DE VISTA.** Lo que no deja de ser una ventaja. Dudo de que veas a los profesores con el mismo pavor que antes. En el peor de los casos, los verás como iguales. En el mejor, los considerarás personas con una experiencia digna de admirar. En cualquier caso, lo más probable es que tu trato con los profesores universitarios no sea como si estuvieran sentados a la derecha de ya sabes Quien.

5. **HAY ASPECTOS DIFERENTES EN LA VIDA ACADÉMICA.** Funciona más despacio que el mundo real, y seguramente tú te mueves bastante más deprisa. Cuando tienes dieciocho años, una tarde sin clase significa un partido de fútbol. Ahora, es

ponerse al día haciendo los recados de una semana, cocinando (y congelando) las comidas para toda la semana y/o redactando cuatro informes que tenías que haber entregado hace días. Aunque tu horario sea frenético, no esperes que la vida del campus se acelere también. Tendrás que acostumbrarte a personas y sistemas a los que la velocidad les importa mucho menos.

Reflexiones esporádicas sobre el aprendizaje

El aprendizaje no debería ser angustioso ni mucho menos aburrido, está muy lejos de estos dos aspectos. Sin embargo, tampoco es maravilloso ni fácil. De hecho, en algunas ocasiones tendrás que trabajar muy duro para comprender un concepto o realizar un trabajo. Ésta es la realidad.

También es verdad que no todo es fácil de leer ni de entender. En esos momentos reina la confusión. Debes decirte a ti mismo que no pasa nada y tienes que aprender a superarlo. Si de verdad crees que entiendes todo lo que lees a la primera, te estás engañando a ti mismo. Aprender las cosas detenidamente y con calma no significa que te ocurra nada malo. La mayoría de la gente aprende despacio. Un buen estudiante no se aterroriza cuando las cosas no salen según lo previsto. Lo que hace es tomarse su tiempo, seguir todos los pasos pertinentes y tener confianza en que la bombilla volverá a encenderse.

Los padres me preguntan a menudo: "¿Cómo puedo motivar a mi hijo adolescente?". Mi primera respuesta es una sonrisa, y a continuación respondo: "Si supiera la respuesta a esa pregunta, hace mucho tiempo que me habría retirado millonario". No obstante, creo que sí hay una respuesta, pero que no está en manos de los padres, sino que es algo que sólo tú, como estudiante, debes decidir: "¿Vas a pasar las horas de clase atento e interesado en las explicaciones o aburrido e irritado?".

Tan simple como eso. ¿Por qué no intentas desarrollar una actitud positiva, teniendo en cuenta que a clase hay que ir de todas maneras y, en vez de estar aburrido o triste, no procuras aplicarte y aprender todo lo posible? Estoy convencido de que muchas veces la diferencia entre un aprobado, un notable y un sobresaliente es simplemente una cuestión de querer hacer las cosas bien. Como siempre recalco en mis entrevistas, algún día tendrás que dejar el colegio. Y rápidamente descubrirás que la gloria está en lo que sabes y en lo que eres capaz de realizar. En la vida real no hay notas ni exámenes. Así que puedes aprenderlo ahora o lamentarte más tarde.

Cuántas veces te has dicho a ti mismo: "No sé para qué estoy estudiando esto (Cálculo, Álgebra, Física, Química, Historia, o cualquier otra cosa). ¡Si no me va a servir para nada!". No quiero ser un aguafiestas, pero a menos que tengas la patente de un fabuloso y acertado invento, no tienes ni la más remota idea de lo que vas a poder necesitar mañana o la próxima semana, y no digamos el año que viene o la próxima década.

Me sorprendo cuando pienso cuántas cosas he hecho en mi vida sin un objetivo concreto y que más tarde no sólo fueron de inestimable ayuda para mi vida y mi carrera, sino que se convirtieron en algo esencial. ¿Cómo me iba a imaginar en el instituto cuando estudiaba alemán como lengua extranjera que la feria más importante de libros, que es mi campo, era en Frankfurt, Alemania? ¿O que las habilidades que desarrollé trabajando durante un año para un contable (mientras escribía mi primer libro) iban a ser esenciales más tarde cuando creé cuatro empresas? ¿O lo importantes que son los conocimientos básicos de Matemáticas para vender y negociar más adelante? (Está bien, lo admito: no he hecho una diferencial en veinte años, pero nunca se sabe).

Así que aprende de todo. Y no te sorprendas si el tema que creíste "menos provechoso" se convierte en la llave de tu fama y tu fortuna.

Hay otros manuales de estudio

Aunque de manera poco modesta sostengo que mi serie de libros sobre técnicas de estudio es la más útil para la mayoría de las personas, hay otros muchos manuales de estudio en el mercado. Creo que la mayor parte de esos libros no cumplen sus promesas. De hecho, me desagrada el creciente número de manuales de estudio que dicen ser "el camino más seguro al éxito escolar" o algo por el estilo. También están los libros que descartan caminos alternativos al estudio y al aprendizaje diciendo: "Bueno, no era lo mío", como si fuera un motivo válido para descartarlo, como si tuviera que preocuparnos que al autor no le funcionara.

De forma inevitable, estos libros fomentan el "sistema" del autor, que en realidad es lo que ellos hicieron en el colegio. Este "sistema", ya sea básico y tradicional o salvajemente estrafalario, puede o no funcionarte. ¿Y qué ocurre si su forma de tomar apuntes no te dice nada? ¿Y si dominas su pomposo abecedario de "supersímbolos de estudio" pero sigues sacando malas notas?

No es que quiera despotricar contra nadie, pero hay pocos "aciertos" y "equivocaciones" en el mundo académico. No hay, por supuesto, un único medio "acertado" para afrontar un examen o una única forma correcta de tomar apuntes. Así que no te vuelvas loco pensando que lo hay, sobre todo si lo que llevas haciendo hasta ahora te funciona. No cambies tu "sistema infalible" porque alguien que se haya proclamado a sí mismo gurú del estudio te diga que lo que estás haciendo es inútil. Después de todo, si su sistema te funciona, quiere decir que tienes los mismos gustos, antipatías, capacidades y aptitudes que el autor.

Estudiar de la forma más rápida y eficaz posible es una meta realista, que merece la pena y que es posible alcanzar.

No hace falta decirlo, pero no leas mis libros en busca de la Verdad, ni de un único e inestimable sistema de "normas" que funcione para todo el mundo. No lo encontrarás, porque no existe. Encontrarás un sinfín de técnicas, trucos, advertencias y consejos, de los cuales algunos te servirán de ayuda y otros no. Prueba y elige, cambia y adapta, analiza lo que te funciona. Porque tú eres el único responsable de la creación de tu propio sistema de estudio, no yo.

Sí reconozco que algunas veces señalo "mi manera" de hacer algo. Incluso elijo la forma que a mi parecer ofrece más ventajas que las otras para hacer lo mismo. Pero eso no significa que se trate de una norma grabada en piedra, proveniente del sagrado camino del estudio de Ron Fry bajo pena de una muerte dolorosísima.

He utilizado siempre la frase "Estudia de forma inteligente, sin extenuarte" como gancho para la promoción y publicidad de mis libros sobre técnicas de estudio. ¿Qué significa para ti? ¿Significa que te garantizo que pasarás menos tiempo estudiando? ¿O que cuanto menos tiempo estudies mejor? ¿O que estudiar nunca se ha considerado algo difícil?

No. Significa que estudiar de manera ineficaz es una pérdida de tiempo que se puede emplear en hacer otras cosas (seguramente más divertidas) y que estudiar de la forma más rápida y eficaz posible es una meta realista, que merece la pena y que es posible alcanzar. Sé lo que es el trabajo duro, pero no soy un monje automarginado al que le gusta flagelarse. ¡Intento no trabajar más de la cuenta!

En caso de que tengas dudas

Antes de entrar en los consejos y técnicas que necesitas para realizar trabajos de sobresaliente y discursos que merezcan un aplauso general, permíteme hacer dos observaciones importantes sobre estos libros.

En primer lugar, creo en la igualdad de sexos, tanto a la hora de escribir como en la vida real. Pero, por desgracia, encuentro construcciones como "él y ella", "él/ella" y otras exactitudes desagradables e incómodas. Por eso he intentado esparcir pronombres de ambos géneros por todo el texto.

En segundo lugar, encontrarás muchas advertencias, ejemplos, listas y otras palabras, frases y apartados repetidos en dos o más libros de esta serie. Obviamente, *Cómo estudiar mejor*, que es, por así decirlo, el compendio de todas las técnicas de estudio, debe contener a la fuerza, aunque sea de forma resumida, algo de cada uno de los otros libros de la serie.

La repetición es inevitable. Aun así, invito a todo el mundo a que lea los otros libros de la serie y, en especial, *Cómo estudiar mejor*, porque son libros independientes. Y como muchas personas sólo compran uno, me veo obligado a incluir en cada libro el material pertinente sobre ese tema, aunque ese material se repita en un segundo o tercer libro.

Dicho esto, te puedo garantizar que las casi mil trescientas páginas de mis nueve libros sobre técnicas de estudio para estudiantes cuentan con el sistema de estudio más difundido, comprensible y completo que se haya publicado nunca.

He intentado crear un sistema que se pueda consultar de forma sencilla, que sea útil, práctico y fácil de aprender. Un sistema que de verdad puedas utilizar, sea cual sea tu edad, nivel de éxito o coeficiente de inteligencia, y que te ayude a mejorar de forma inmediata en los estudios, en el trabajo y en la vida.

Ron Fry

Introducción
Buenas noticias para los trabajos escritos

Ya verás como sucederá.

Tú estarás sentado tranquilamente en clase, esperando a que llegue el fin de semana, ensimismado en tus pensamientos.

De repente, sin previo aviso, el profesor anunciará que la próxima tarea será... escribir un trabajo de documentación.

Nada provoca más miedo en los corazones de los estudiantes de todo el mundo. Sólo pensar en pasar las horas en la biblioteca desenterrando información, escribiendo un interminable y detallado trabajo, pasando a máquina notas a pie de página... Por el amor de Dios, si no estás ya completamente aterrorizado, al menos sentirás un ligero pavor.

"¿Cómo lo voy a hacer?" piensas. "¿Por dónde voy a empezar?" Y sin duda pensarás "¿Por qué yo?".

Déjame que te tranquilice: lo harás. Sacarás una buena nota. Y de paso aprenderás unas cuantas cosas.

¿Cómo? Con ayuda de este libro. He pasado por eso. (Y aunque llevo escribiendo muchos años, todavía sigo pasando por eso). Te enseñaré mis "trucos de profesional", paso a paso.

Masticar es mejor que engullir

Un budista afirmaba que "los viajes de mil kilómetros comienzan con un simple paso". Así comienza también el proceso de redacción de tu trabajo de documentación. El secreto está en ir paso a paso. Si divides el trabajo en pequeños pasos, sin importar lo amplio y duradero que sea el proyecto, obtendrás de una inmensa tarea una serie de trabajos mucho más llevaderos.

Para empezar, en el capítulo 1, te mostraré los diferentes elementos que componen un trabajo de documentación. Te indicaré cómo debes distribuir el horario de trabajo y te daré algunos consejos sobre la organización del tiempo.

En el capítulo 2, te ayudaré a decidir un tema concreto y te mostraré los tipos de temas que se deben evitar. También aprenderás a desarrollar búsquedas específicas de algunos aspectos o búsquedas de argumentos, a elaborar una tesis y a crear un borrador preliminar para tu trabajo.

Luego, en los capítulos 3, 4 y 5, pasaremos un tiempo en la biblioteca. Te enseñaré dónde buscar el material de referencia, un fantástico sistema para no perder de vista los que utilizas y un sistema especial de toma de notas. Rápidamente te convertirás en un investigador más organizado y eficaz y obtendrás mejores resultados en menos tiempo.

Hoy en día hay magníficas posibilidades de búsqueda a través de Internet y unos excelentes programas que te ayudarán a organizar tu trabajo y a componer tu informe. Todo ello lo analizo con más detenimiento en *Deja que tu ordenador trabaje por ti*, el último título de mi serie sobre técnicas estudio. Como tengo limitado el espacio, no he reunido mucha información en este libro sobre ello, por eso te invito a que consultes *Deja que tu ordenador trabaje por ti* para informarte.

En los capítulos 6 y 7, comenzarás a escribir tu trabajo. Te mostraré algunos trucos que te ayudarán a organizarlo, algunos consejos para superar el bloqueo del escritor y una lista de comprobación para asegurarte de que no plagias. Hacia el final del capítulo 7, ya habrás escrito una versión borrador.

En el capítulo 8 hablaremos de los diferentes métodos para documentar tus fuentes de información, cuándo documentar una fuente y cómo hacerlo.

En el siguiente, el capítulo 9, corregiremos la versión borrador. Aprenderás estrategias especiales que mejorarán tu redacción y la harán más clara y uniforme.

En el capítulo 10, descubrirás los pros y los contras de articular una bibliografía, es decir, la lista de los materiales de referencia que utilizaste para escribir tu trabajo. Te daré una relación de todos los pasos que tienes que seguir.

En el capítulo 11, aprenderás unos trucos fantásticos de corrección para que no se te escape ningún error tipográfico ni de ortografía en tu trabajo. ¡Y voilà! Ya puedes ir a clase con tu trabajo debajo del brazo.

En el capítulo 12, he hecho un resumen de *Aprueba tus exámenes sin esfuerzo* con respecto a los exámenes. Como mi consejo para este tipo de prueba es "considerarlo como escribir un trabajo", me pareció apropiado incluir un breve apartado en este libro. En este capítulo también aprenderás a preparar discursos.

Por último, en el capítulo 13, hablaré del TDA o *Trastorno por déficit de atención*, de la hiperactividad y de la combinación de ambos o TDA/H. Aunque estos problemas no se manifiestan en la mayoría de vosotros, sí que hay una gran minoría muy interesada. Con ayuda de mi buen amigo Thom Hartmann, autor de *Attention Deficit Disorder: A Different Perception*, creo que el capítulo 13 será de gran ayuda para estos estudiantes y para sus padres.

Más tarde les darás las gracias, en serio

La elaboración de un trabajo de documentación requiere un enorme esfuerzo. Pero el resultado es magnífico. Además del beneficio obvio que supone documentarse y aprender cosas sobre el tema del que trata el trabajo, desarrollarás importantes habilidades en cada uno de los pasos.

Aprenderás, por ejemplo:

1. Cómo recabar información sobre cualquier tema.
2. Cómo enfrentarte a esa información y llegar a una conclusión para tu trabajo.
3. Cómo preparar y organizar un informe en profundidad.
4. Cómo comunicar tus ideas de una forma clara y eficaz.

Una vez que hayas desarrollado estas habilidades, son tuyas.

Serás capaz de aplicarlas en todas tus clases del instituto o de la universidad. Las tendrás presentes no sólo para preparar otros trabajos de documentación, sino también a la hora de abordar trabajos escritos de menor tamaño, como ensayos o discursos.

Cuando finalices tus estudios, estas mismas habilidades te ayudarán a mejorar en el mundo laboral; la habilidad de analizar un tema y comunicarlo por escrito son las llaves del éxito, sin importar el tipo de trabajo que hayas elegido.

El profesor no mandaba trabajos para amargaros la vida. De todas las cosas que se aprenden en el colegio, las habilidades que desarrollaste elaborando trabajos de documentación están entre las más valiosas.

Cómo utilizar este libro

Los pasos que subrayo a lo largo del libro son en cierto modo flexibles.

Después de haber "desgastado el bolígrafo" con uno o dos trabajos, puede que quieras adaptar en cierta medida estos pasos a tu propio estilo de trabajo.

Eso está bien, pero no te saltes ninguno de los pasos. Seguramente no comprenderás las ventajas de un paso concreto hasta que tengas el trabajo bastante avanzado. Así que recuerda, ¡no te saltes ninguno!

Vamos a empezar

Realizar un trabajo de documentación lleva tiempo, esfuerzo y una seria reflexión. No es fácil. Pero eso no se puede evitar, como tampoco se puede evitar que el profesor considere los trabajos como lo más importante.

Lo que sí te puedo decir es que si sigues los pasos que te indico en este libro, conseguirás hacer un trabajo como nunca imaginaste. Te aseguro que además aprenderás algunas cosas que te acompañarán el resto de tu vida.

No será fácil, pero verás como la operación será un éxito.

¡En marcha!

Puede que sólo estés realizando un trabajo, pero en realidad tienes por delante otros tres.

En primer lugar, debes ser un redactor objetivo. Indagarás para obtener toda la información que puedas sobre el tema, recopilando estadísticas, información histórica, comentarios en primera persona y mucho más.

Leerás libros de referencia, columnas periodísticas, artículos de revistas, periódicos escolares y otras fuentes, verás películas y vídeos que tengan que ver con el tema, comprobarás las fuentes en Internet, e incluso entrevistarás a uno o dos expertos.

Tu trabajo es encontrar la verdad, recogiendo información con una mirada imparcial. No puedes descartar o ignorar información sólo porque no se ajusta al estupendo marco de tus opiniones personales y a las esperanzas que albergabas.

En segundo lugar, debes ser un detective. Como un científico que evalúa los resultados de un experimento, debes analizar las pruebas, decidir lo que pueden o no significar, y reflejar las aparentes (o no tan aparentes) conclusiones.

En tercer lugar, debes ser un autor dispuesto a compartir tus recientes descubrimientos. Tras haber navegado en océanos de información, escribirás un informe en profundidad, convincente y bien pensado, explicando a tus lectores lo que has aprendido.

Se trata de un proceso emocionante (¿en qué otro lugar podrías desempeñar tres papeles diferentes en pocas semanas?) que requiere organización y consonancia con una breve pero esencial lista de normas.

Cinco normas fundamentales

Empecemos con las cinco normas fundamentales que tienes que tener siempre presentes:

1. Sigue *siempre* al pie de la letra las instrucciones del profesor.
2. Debes entregar *siempre* el trabajo a tiempo.
3. Entrega *siempre* una copia clara y en limpio de tu trabajo.
4. Conserva *siempre* al menos una copia de todos los trabajos que hagas.
5. *Nunca* permitas ni un solo error ortográfico o gramatical en tus trabajos.

¿Lo quería mecanografiado?

Las instrucciones del profesor pueden incluir:

- Un programa de temas generales del que se puede elegir el tema: "algunos aspectos de la presidencia de González", "un invento del siglo XVIII", "una breve biografía de Magallanes", etc.
- Requisitos específicos en cuanto al formato: mecanografiado, a doble espacio, con las páginas numeradas, etc.
- Extensión aproximada: unas diez o quince páginas mecanografiadas.
- Otros requisitos: presenta un esquema del trabajo al profesor antes de seguir adelante; antes de hacerlo, asegúrate de que el profesor está de acuerdo con el tema que has elegido; no incluyas citas (de otros trabajos) con una extensión mayor a un párrafo; otras idiosincrasias del profesor.

Sean cuales sean las pautas que tu profesor o profesora fijen, debes seguirlas al pie de la letra. Quizá los profesores del instituto perdonen tus descuidos, pero sé de profesores universitarios que se negaron a recoger trabajos que no estaban como ellos habían ordenado, y le pusieron al pobre y formal alumno un suspenso (sin ni siquiera leerlo).

Sigue las instrucciones del profesor al pie de la letra. Solicita su aprobación sobre el tema que hayas elegido.

Si no tienes claro alguno de los requisitos que pide o si los temas que el profesor ha sugerido no están claros, tú eres el responsable de ir a hablar con el profesor y aclarar tus posibles dudas.

No es mala idea elegir dos o tres temas sobre los que te gustaría escribir y solicitar aprobación preliminar, sobre todo si el trabajo es especialmente ambiguo.

Pedir disculpas: buena idea, mala nota

Definitivamente no hay razón, excusa, enfermedad catastrófica o cuestión de vida o muerte que valga para no entregar a tiempo un trabajo.

Algunos profesores se limitarán sencillamente a no aceptarlo y te pondrán un insuficiente por los esfuerzos realizados, sin escuchar tus razones. En el mejor de los casos lo aceptarán pero te bajarán la nota, de sobresaliente a notable... o incluso más todavía.

Los profesores no leen manchas de café

Los profesores leen muchísimos trabajos y no deberían sentirse contrariados por los errores humanos si, después de cientos de páginas, se encuentran con una arruga, una mancha de café o algo escrito a lápiz.

El profesor se interesará sobre todo por el contenido de tu trabajo, pero la presentación también es importante.

Tú tampoco deberías sorprenderte si te ponen una nota más baja de la que te merecías solamente porque la presentación era muy pobre.

No estoy diciendo que la forma sea más importante que el contenido. Todo lo contrario: el profesor está interesado en el contenido, y seguramente basará tu nota en lo que hayas escrito.

Pero la presentación también es importante, y los profesores son seres humanos (¡en serio!) y no puedes culparles por intentar enseñarte a sentirte orgulloso de tu trabajo. Así que sigue estas simples instrucciones:

- Nunca entregues un trabajo escrito a mano.
- Si utilizas un procesador de textos o programa de tratamiento de texto, usa una nueva cinta para tu impresora y/o comprueba el tóner de tu impresora láser. Si lo escribes (o te lo escriben) en una máquina de escribir, utiliza una cinta limpia y (preferiblemente) una cinta mecanográfica de carbón para que las letras se vean con claridad.
- A menos que te digan lo contrario, entrega el trabajo siempre a doble espacio. Deja márgenes suficientes alrededor.
- Utiliza un tipo de letra clara y fácil de leer; evita las letras muy grandes que alargan un trabajo de cinco folios a diez, o las que son muy pequeñas y difíciles de leer.
- Nunca utilices letras en cursiva, modernas o recargadas para todo el trabajo porque se leen muy mal.

No sólo se reciclan botes

Deberían devolverte el trabajo con una serie de comentarios útiles, por eso es tan importante conservarlos. ¿Qué le pareció al profesor? ¿Puedes aplicar sus comentarios al trabajo que estás realizando ahora?

Educación y sociedad

Cómo redactar y presentar tus trabajos

Errores como: escritura pobre, desorganiza-
ción, falta de documentación, conexiones inco-
herentes entre los párrafos,
gramática y puntuación in-
suficientes, errores ortográficos... Cuantos más co-
mentarios haya (alguien
dirá, más baja la nota), más
definido será el "mapa del
tesoro" que tu profesor te
habrá hecho para el próximo trabajo, enseñándo-
te exactamente dónde está "situado" tu ansiado
sobresaliente.

**Fíjate en los comen-
tarios que el profe-
sor te haya puesto
en el trabajo. Aplíca-
los en el siguiente.**

Si tienes una mala nota y no hay comentarios
en el trabajo, pregúntale al profesor por qué te
puso una nota tan baja. Puede que consigas algún comentario para hacer mejor el siguiente trabajo. Esto también le demostrará que tienes interés y puede que influya en futuras notas.

A los profesores no les gustan
los errores ortográficos

Es cierto que muchos empleados redactan alegre-
mente resúmenes o cartas aclaratorias con faltas
de ortografía y/o gramaticales en su trabajo. Pero
ni por un momento esperes que tus profesores te
perdonen los errores ortográficos. Lo más probable es que te premien con un insuficiente sin pa-
rarse a leer el resto del trabajo, por magnífico que
sea: no puedes escribir "agenda" con "j" o conju-
gar mal un verbo.

Los elementos constantes en los trabajos escritos

Aquí tienes los pasos que, con alguna que otra variación a lo largo del camino, son constantes en casi todo informe o trabajo escrito:

1. Busca posibles temas.
2. Decide el argumento.
3. Comienza a buscar la información en la biblioteca.
4. Prepara un esquema general.
5. Investiga a fondo en la biblioteca.
6. Elabora un detallado esquema (con apuntes).
7. Escribe un primer borrador.
8. Haz ulteriores investigaciones (si es necesario).
9. Escribe un segundo borrador.
10. Comprueba la ortografía y haz una revisión del texto.
11. Dáselo a otra persona para que lo lea.
12. Redacta el texto final.
13. Revísalo por última vez.
14. Entrégalo y recógelo con un sobresaliente.

Realizar todas estas tareas de manera eficiente y eficaz requiere una planificación y un horario de distribución del trabajo. Después de todo, no es lo único que tienes que hacer en la vida y puede que tampoco sea el único trabajo que te manden, así que tienes que hacerlo en un breve período de tiempo.

Con un calendario en la mano, señala la fecha de entrega del trabajo. ¿Cuántas semanas te quedan hasta entonces? ¿Cuatro? ¿Seis? ¿Diez? Ten en cuenta que te pasarás de una a tres cuartas partes de ese tiempo buscando información, y el resto escribiendo.

Delimita un tiempo fijo cada semana para trabajar. Intenta organizarlo de manera que puedas dedicarle bastante tiempo seguido, unas dos o tres horas cada vez, y no breves espacios de tiempo más frecuentes. De lo contrario, perderás mucho tiempo revisando dónde te habías quedado y repitiendo pasos de forma innecesaria.

Mientras estableces el calendario, fija fechas límite para las cuales debes haber completado los pasos generales de tu proceso de elaboración del trabajo.

Por ejemplo:

1ª semana: decides el argumento
y el "estilo" de tu trabajo.
2ª semana: haces una lista de los materiales
de referencia.
3ª y 4ª semana: lees los materiales
de referencia y tomas notas.
5ª y 6ª semana: haces un esquema y
redactas un breve borrador.
7ª semana: escribes el trabajo y preparas la
bibliografía.
8ª semana: compruebas los posibles errores
ortográficos y pasas a limpio la copia
definitiva.

Por supuesto, no te puedo decir cuánto tiempo debes emplear exactamente en cada paso, porque ignoro los particulares de tu trabajo: de cuánto tiempo dispones, la complejidad del tema o la rapidez con la que trabajas. Lo que sí puedo decirte es que deberías consultar y/o tomar apuntes de al menos diez libros, artículos o materiales de referencia diferentes. (Puede que tu profesor o el argumento mismo requieran todavía más, pero nunca menos). Debes incluir en tu calendario dos o tres borradores previos de tu trabajo antes de llegar a la versión definitiva.

Consulta tu calendario de trabajo siempre que puedas, e intenta adaptarlo si ves que te estás retrasando.

Cuanto más tiempo tengas para realizar el proyecto, más fácil será ir aplazándolo, e incluso ir posponiendo los pasos y realizándolos según tu calendario normal. Si ves que estás dejando estos proyectos para los que te dan mucho tiempo para la última semana, (tienes tres meses para entregarlo y diez semanas para el examen oral) lo primero que

Consulta y/o toma apuntes de al menos diez libros o materiales de referencia diferentes.

tienes que hacer es elaborar un calendario que llegue hasta el día anterior a la fecha de entrega. Luego, engáñate a ti mismo, establece el calendario poniéndote una fecha límite siete días antes de la verdadera, dándote una semana de margen para las inevitables sorpresas de la vida. (Intenta olvidarte de que has usado este truco. De lo contrario, serás como aquél que siempre llega tarde a las citas y decide adelantar el reloj quince minutos para intentar llegar a tiempo. El problema es que siempre se acuerda de que lo tiene adelantado y lo echa todo a perder).

Si tuviera más tiempo...

No hay que ser un científico de la NASA para saber "controlar el tiempo", es sólo una cuestión de "saber aprovecharlo". Y eso requiere un análisis previo; por ejemplo, en vez de realizar quince visitas breves a la biblioteca, organízate para ir cinco o seis veces durante más tiempo. Te ahorrarás el tiempo de desplazarte hasta allí y saldrás ganando porque trabajarás más en el mismo período de tiempo.

Prepárate. Compra lapiceros, cintas para la máquina de escribir, disquetes y todo lo que necesites para realizar el trabajo. De lo contrario, puedes terminar corriendo a la tienda en mitad de la noche buscando un cartucho de tinta para la impresora o una cinta para la máquina de escribir, nada fáciles de encontrar.

Una manera fantástica de aprovechar al máximo tu tiempo es tener en cualquier momento (o tener al menos acceso inmediato) un libro que debas leer, tu calendario de trabajo o los apuntes (o los tres). Te sorprenderá ver la cantidad de trabajo que puedes hacer mientras esperas a que llegue la información de Internet, entre una clase y otra o siempre que tengas unos minutos perdidos.

Sé organizado. Guarda todo lo referente a tu trabajo en archivos o cuadernos separados. No acumules montones de informes del trabajo por aquí y por allá, para que se pierdan o alguien los tire por equivocación.

Si quieres echarle un vistazo a "todo lo que siempre has querido saber" sobre la distribución del tiempo, consigue un ejemplar de *Cómo organizar mejor tu tiempo*, otro de los libros de esta serie.

¡No lo dejes para el final!

Repito, no dejes tu trabajo de documentación para el último minuto, ¡ni siquiera para la última semana! Si lo dejas, vas a hacer tu labor mucho más difícil. Y probablemente acabarás realizando un trabajo mucho peor. Empieza a trabajar ya. En este mismo instante.

Desarrolla un plan de ataque

Ya estás listo para dar el primer y más importante paso en tu camino hacia un trabajo de sobresaliente: decidir el tema.

Una vez que hayas elegido el campo general de estudio que vas a tocar, debes apuntar hacia un argumento específico.

A continuación, debes elaborar un esquema general, un anteproyecto sencillo de tu trabajo.

En este capítulo, te ayudaré a realizar estas tres tareas: decidir el tema, elegir el argumento y desarrollar un esquema general.

Elegir un argumento

En algunos casos, el profesor determina el argumento del trabajo. En otros, simplemente propone un tema y tú eres libre para elegir el argumento específico.

Pero a veces la libertad es peligrosa. Piensa muy, muy bien sobre qué lo vas a hacer. Elegir un argumento equivocado te puede llevar directamente al fracaso.

No estoy sugiriendo que elijas el más sencillo que encuentres, los argumentos sencillos conducen normalmente a trabajos mediocres, pero sí que hay una serie de trampas que debes evitar.

Peligro nº 1: Querer abarcar mucho

Tienes que escribir un trabajo de quince páginas para la clase de religión y decides que lo vas a hacer sobre "El catolicismo a través de los tiempos".

¡Ni se te ocurra! Párate a pensarlo: ¿de verdad crees que puedes cubrir un tema tan amplio en quince páginas? Imposible, a menos que te limites a los momentos importantes. Podrías escribir tomos y tomos sobre el tema (hay gente que lo ha hecho) y todavía tendrías un montón de cosas que decir.

Céntrate en un aspecto concreto y limitado del tema de tu trabajo o enfócalo desde un punto de vista determinado.

Lo que tienes que hacer es centrarte en un aspecto concreto y limitado del tema o enfocarlo desde un punto de vista determinado. En vez de "El catolicismo a través de los tiempos", ¿qué tal "Estudio de la Reforma católica en el siglo XVI"?

Recuerda que tu trabajo consiste en analizar en profundidad un tema. Asegúrate de que lo puedes hacer en el número de páginas que te pide el profesor.

Peligro nº 2: Abarcar muy poco

Por el mismo motivo, tampoco debes centrarte en algo concretísimo. Si eliges un tema muy limitado, lo habrás dicho todo en la segunda hoja de tu trabajo. "Un día en la vida de un monje cisterciense" puede ser interesante para un trabajo de uno o dos folios, pero no llenará diez o quince, ni aunque dejes unos márgenes vergonzosos.

Nunca elijas un tema tan limitado que no puedas encontrar ningún tipo de información.

Consejo: si no logras encontrar un solo libro sobre el tema, plantéate cambiarlo. Pudiendo elegir un tema del que hay información en artículos de revistas, periódicos, monográficos y demás ¿por qué complicarse la vida con algo dificilísimo de encontrar?

Peligro nº 3: Seguir una senda solitaria

Si eliges un tema demasiado impreciso, te encontrarás con que no hay nada o casi nada de información escrita sobre ello.

En ese caso, tendrás que realizar tus propios experimentos, vértelas con tus propios temas de documentación y proponer tu propia información original. Así es como los científicos abren nuevos caminos hacia lo desconocido. Pero me da la impresión de que no tienes tiempo, ganas, ni experiencia como para iniciar un acercamiento de ese calibre desde el principio.

Y eso lo dice alguien que lo ha hecho más de una vez; trabajar en esas áreas tan originales puede ser increíblemente creativo y divertido, pero también puede ser frustrante y estresante. No desestimes la reacción del profesor, que seguramente preferirá algo con un nivel más sencillo y no una nueva teoría inalcanzable sobre la que tenga que meditar. Una vez me pusieron una nota mediocre en el que yo creía que había sido el mejor trabajo de mi vida. La persona que me lo corrigió me dijo que como no podía "comprobar" mis ideas, ya que no había nada escrito sobre el tema que lo corroborara, no me podía poner una nota mejor. Creo que es absurdo, como lo fue también la nota, pero te recomiendo que lo tengas en cuenta.

Asegúrate de que hay suficiente material de documentación disponible sobre el tema y diferentes fuentes donde obtener la información.

Lo importante es que te asegures de que hay suficiente material de documentación disponible sobre el tema y diferentes fuentes donde obtener la información: autores, libros, etc., para que puedas tener una buena visión del argumento (y no verte forzado por falta de materiales a elegir caminos para que los argumentos de otro suenen como los tuyos).

Haz una lista de posibilidades

Teniendo en cuenta todo lo anterior, escribe en un papel todos los posibles temas que se te ocurran para el trabajo. No te pares en la primera idea, escribe diversas posibilidades.

De hecho, lo que tienes que hacer ahora mismo es cerrar el libro y ponerte a elaborar una lista de los tres o cuatro argumentos sobre los que podrías trabajar.

(Si realmente quieres que te dé el premio especial Fry a la genialidad, ¿por qué no intentas que todos los trabajos que te manden en las diferentes clases sean sobre el mismo tema? El trabajo del que hablábamos antes sobre el catolicismo en el siglo XVI puede valer, con algún que otro cambio, o con ninguno, para la asignatura de Historia. Como mucho tendrías que hacer una pequeñísima labor extra de documentación (nada comparado con la labor que supondría empezar de cero) y podrías utilizar una buena parte del primer trabajo como base para el segundo. (¡Qué manera más fantástica de aprovechar el tiempo dedicado a la biblioteca!).

Haz una investigación preliminar

¿Ya tienes tu lista? Bien, ahora vete a la biblioteca. Necesitas hacer una breve búsqueda preliminar.

Examina el fichero de la biblioteca o los listados del ordenador. ¿Cuántos libros y artículos se han escrito sobre cada uno de los temas de mi lista de "posibilidades"? Lee algún breve artículo o una entrada de una enciclopedia sobre cada tema.

Para cuando hayas salido de la biblioteca, ya tendrías que poseer una idea general de cada uno de los temas. También deberías saber si vas a tener problemas a la hora de encontrar información sobre ellos. Si es así, descártalo.

Y el ganador es (redoble, por favor)...

En el peor de los casos, deberías salir al menos con un tema sobre el que poder documentarte sin demasiados problemas. Si dos o más temas consiguen pasar tu examen de búsqueda preliminar, elige el que más te interese.

Vas a pasar mucho tiempo aprendiendo cosas sobre ese tema. ¡No está prohibido pasarlo bien!

Elabora una tesis temporal

Una vez que hayas elegido el tema de tu trabajo, debes desarrollar una tesis temporal.

¿Qué es una tesis? te preguntarás. La palabra "tesis" es un relativo de "hipótesis", y viene a ser casi lo mismo: el argumento central con el que probarás o no tu trabajo. Es la conclusión, basada en tu documentación, a la que llegas en ese campo concreto.

Una tesis no es lo mismo que un tema. Tu tema es lo que vas a estudiar; tu tesis es la conclusión que vas a extraer de ese estudio.

Un enunciado de tesis es una frase que resume la tesis o idea más importante del trabajo.

Supongamos que decides que el tema de tu investigación será "Los cambios en el catolicismo del siglo XVI: ¿Reforma católica o Contrarreforma?". Al final de tu trabajo, concluyes que ambas pueden convivir. Tu enunciado de tesis sería, en ese caso, algo así:

> La estructura, doctrina y significado del catolicismo en el siglo XVI se vieron modificados de forma significativa. Estos cambios se reflejaron tanto en la fuerte reacción que surgió en contra del protestantismo (Contrarreforma) como en la reforma espontánea del propio catolicismo (Reforma católica).

En tu trabajo, deberías intentar demostrar por qué ambos aspectos de tu tesis son verdaderos, aportando pruebas y argumentos para ilustrarlo desde ambas perspectivas (una reforma espontánea frente a una reacción provocada por el desarrollo del protestantismo) y poder explicar los cambios ocurridos.

Provisional significa precisamente eso

Fíjate en la palabra provisional. No importa lo bonita que te parezca, porque tu tesis provisional no terminará siendo tu tesis definitiva. Como todavía no has terminado del todo tu búsqueda, por el momento sólo puedes redactar una tesis "lo más aproximada posible".

Puede suceder que mientras haces la investigación tu tesis provisional resulte ser incorrecta. Si te ves en esa situación, revísala, ¡quizá puedas seguir tu trabajo sosteniendo precisamente lo contrario! De hecho, debes revisar tu tesis muchas veces durante el curso de tu investigación.

Si tu tesis provisional no te viene a la cabeza fácilmente, y seguro que no lo hará, siéntate y vuelve a escribir todo lo que se te ocurra sobre el tema del trabajo en un papel:

- ¿Qué tiene de especial o de extraño _____? (Rellena el espacio en blanco con tu tema).
- ¿Qué relación tiene _____ con acontecimientos del pasado?
- ¿Qué repercusión ha tenido _____ en la sociedad?
- ¿Qué quiero que el mundo sepa de _____?
- ¿Qué dudas tengo sobre _____?

Las respuestas a éstas y otras preguntas similares pueden hacer que se te ocurran buenas ideas. Si crees que necesitas más información sobre tu tema para responder a estas preguntas, vete a la biblioteca y sigue leyendo.

Pregunta a tu profesor

Algunos profesores te piden que les presentes el enunciado de tu tesis para darle el visto bueno y así poder seguir trabajando. Aunque no te lo pida, no es mala idea saber qué opina tu profesor. Él te ayudará a determinar si tu enunciado de tesis va por buen camino, y, si no es así, a establecer uno.

Prepara un esquema general

Una vez que tengas la tesis provisional, piensa cómo podrías enfocar el tema de tu trabajo. Apunta los distintos puntos que tienes pensado investigar. Luego, elabora un breve esquema provisional de tu trabajo, reflejando el orden en que podrías abordar cada argumento.

Volviendo a la tesis del catolicismo en el XVI, si nos basamos en tu investigación previa, tu breve esquema provisional podría ser algo así:

A. Definiciones de Reforma católica y Contrarreforma.

B. Reconocimiento de que la cristiandad nunca se reuniría bajo una iglesia de jerarquías.

C. Los cambios observados como reacción a los abusos del clero.

D. El Concilio de Trento.

E. Los movimientos de la Reforma en el interior de la Iglesia.

F. Santa Teresa de Ávila.

G. Cambios radicales en las posiciones católicas sobre los asuntos sociales (usura, prostitución).

H. El fortalecimiento de las iglesias parroquiales.

I. San Ignacio de Loyola.

No te detengas demasiado en la elaboración de este esquema. Es simplemente un punto de partida para tus investigaciones, un plan de ataque.

Pero tampoco te lo saltes. Como verás en los últimos capítulos, será de gran ayuda a la hora de organizar la documentación que has conseguido.

Investiga:
a la caza de materiales

Ya tienes bastante camino recorrido: has determinado el tema de tu trabajo. Has elaborado una tesis provisional y ya tienes un esquema general para tu trabajo. ¡Enhorabuena!

Ya es hora de que empieces a documentarte en profundidad.

Vamos a atacar esta información inicial en dos fases. En primer lugar, elabora una lista de todos los libros, revistas y otros materiales de documentación que quieras consultar. Luego, siéntate y léelo de forma eficaz y tomando notas.

En el capítulo 4 te mostraré un modo de ahorrar tiempo para recopilar y organizar tu lista de lecturas. En el capítulo 5, te enseñaré un método muy útil para tomar apuntes.

Pero antes, debes aprender dónde y cómo situar los diferentes tipos de materiales que puedes consultar.

Una vez en la biblioteca

El lugar más indicado para obtener la información para tu trabajo es la biblioteca o centro de documentación especializado en el área de tu investigación. Hoy en día, las bibliotecas disponen de una increíble variedad de fuentes de información, tanto en papel como electrónicas. Si aprendes a perforar en sus minas informativas, te harás de oro. Si has llegado hasta aquí en la vida sin conocer el funcionamiento básico de una biblioteca, pide ayuda al personal que trabaja en ella. Convierte tu mesa de trabajo de la biblioteca en tu segunda casa. Comenta a los bibliotecarios en lo que estás trabajando, seguro que ellos saben cuáles son las mejores fuentes de información y dónde encontrarlas.

La mayor parte de las bibliotecas están divididas en salas de lectura, con obras de consulta restringidas o bien con montones de estanterías de libre disposición. Las estanterías de libre disposición son aquéllas a las que pueden acceder todas las personas que paseen por la biblioteca, escogiendo libros ya sea para utilizar dentro de la biblioteca o, si está permitido, para llevarlos prestados a su casa. Las áreas restringidas suelen albergar libros raros y valiosos, y el acceso a ellos es sólo para investigadores o para aquellas personas que posean credenciales acreditativas. También existen bibliotecas en las que todos los estantes se encuentran cerrados, y sólo se puede acceder a los libros a través del personal de la biblioteca.

Muchas bibliotecas cuentan con materiales circulantes, es decir, libros y otros materiales que se pueden consultar y llevar a casa, y materiales no circulantes, que sólo se pueden consultar dentro de la biblioteca. Por lo general, las novelas, la literatura no novelesca y muchos títulos "escolares" se encuentran en el primer grupo. Las obras de referencia, publicaciones periódicas, manuscritos, incunables y materiales de difícil reposición no se prestan.

Muchas bibliotecas se han automatizado, y han ido sustituyendo paulatinamente las antiguas y peculiares herramientas de la biblioteca, como el tradicional fichero, por sistemas automatizados que permiten la consulta en línea del catálogo (OPAC) o acceso a diferentes bases de datos. Estos nuevos procedimientos pueden intimidar un poco a aquellas personas que lo utilizan por primera vez, pero lo cierto es que se ahorra muchísimo tiempo.

De nuevo, no seas tímido y pide ayuda. El personal de la biblioteca estará encantado de explicarte cómo buscar los fondos que necesitas en el ordenador.

Como descubrirás en *Deja que tu ordenador trabaje por ti*, no necesitarás salir de casa para acceder a casi todas las bibliotecas del mundo vía Internet, como por ejemplo la Biblioteca del Congreso de EE UU (http://www.loc.gov) o la Biblioteca Nacional de España (www.bne.es). Así es. También puedes acceder a todas las bibliotecas universitarias de España y del mundo que tengan páginas Web, consultar sus catálogos y obtener información específica de cada biblioteca (http://exlibris.usual.es/bibesp/index.htm).

> **El lugar más indicado para obtener la información para tu trabajo es la biblioteca, ya que dispone de una amplia variedad de fuentes de información.**

Cómo se clasifican los fondos de una biblioteca

Para organizar y facilitar el acceso a los fondos, muchas bibliotecas del mundo -entre ellas la mayoría de las de América Latina- utilizan el sistema de Clasificación Decimal Dewey, por ser el más práctico, fácil y simple.

Este sistema utiliza números desde 000 hasta 999 para clasificar los fondos por disciplinas o campos del saber, que se dividen en diez clases principales.

Como hay millones de libros disponibles en la mayor parte de las bibliotecas, sigue siendo difícil encontrar un título específico, incluso dividiéndolos en diez grupos principales. Por este motivo, cada uno de estos grupos se divide, a su vez, en otros diez, más específicos todavía. Por ejemplo, en el grupo de Filosofía (100), el 150 es Psicología y el 170 es Ética. En el grupo de Historia (900), el 910 es Emigración y el 930 es Historia Antigua.

000 - 099	Generalidades
100 - 199	Filosofía y disciplinas afines
200 - 299	Religión
300 - 399	Ciencias sociales
400 - 499	Lenguas
500 - 599	Ciencias puras
600 - 699	Tecnología (Ciencias aplicadas)
700 - 799	Bellas artes
800 - 899	Literatura
900 - 999	Geografía e Historia

Todavía hay más subdivisiones. Las matemáticas tienen su propio apartado en Ciencias puras, en el número 510. A su vez, las materias específicas están clasificadas: así, el 511 es Aritmética y el 512, Álgebra.

Por último, para simplificar más la labor, los últimos dos dígitos del Código Dewey se refieren al tipo de libro que es:

01   Filosofía de
02   Nociones generales de
03   Diccionario de
04   Ensayo sobre
05   Publicación periódica
06   Procedimientos y asuntos sociales
07   Estudio o manual de
08   Colecciones
09   Historia de

En España, el sistema oficial de clasificación de las bibliotecas públicas dependientes del Estado es la Clasificación Decimal Universal o CDU, que nació como evolución de la Clasificación Decimal de Dewey.

Si en tu biblioteca no utilizan el sistema de Dewey, lo más seguro es que utilicen un sistema alfabético-numérico, que es característico de la Biblioteca del Congreso de EE UU.

Este sistema utiliza las letras para referirse a las diferentes disciplinas, de la siguiente forma:

A: Obras generales (enciclopedias y otras referencias)
B: Filosofía, Psicología y Religión
C: Historia: Ciencias adjuntas (Arqueología, Genealogía, etc.)
D: Historia: general, no americana
E-F: Historia americana
G: Geografía/Antropología
H: Ciencias sociales (Sociología, Empresariales, Económicas)
J: Ciencias políticas
K: Derecho
L: Educación

M: Música
N: Bellas Artes (Arte y Arquitectura)
P: Lengua/Literatura
Q: Ciencias
R: Medicina
S: Agricultura
T: Tecnología
U: Ciencia militar
V: Ciencia naval
Z: Bibliografía/Biblioteconomía

Más allá de la enciclopedia

Cuando eras más joven y tenías que hacer un trabajo, seguro que acudías siempre a las enciclopedias de la biblioteca de tu colegio. Lo siento, pero aquellos días felices se han acabado para siempre.

Me parece muy bien que te dirijas a la enciclopedia para obtener una visión general del tema sobre el que va a tratar tu trabajo. Pero vas a necesitar acudir a otras fuentes para obtener información más detallada. Debes leer libros escritos por expertos en la materia que estés investigando, y artículos de revistas y periódicos sobre cada cuestión de tu trabajo.

¿Por qué pararte ahí? Panfletos, antologías, folletos, documentos oficiales y materiales audiovisuales son algunas de las posibles fuentes de información para tu trabajo.

Dónde buscar materiales

¿Cómo puedes averiguar si alguien ha escrito un artículo de revista o periódico sobre el tema de tu trabajo? ¿Cómo puedes saber si existen documentos oficiales o panfletos que puedan servirte de ayuda? ¿Cómo localizar los libros de referencia escritos por expertos?

Debes consultar en los catálogos de la biblioteca, que recogen todos los artículos, libros y otros materiales que han sido publicados y/o que están disponibles en la biblioteca. Muchos están colocados en orden alfabético según el tema. Algunos de estos catálogos se citan a continuación. Pero hay muchos más, pregunta al personal de la biblioteca.

1. **EL FICHERO GENERAL.** Es una lista de todos los libros de la biblioteca. (Aunque muchas bibliotecas lo tienen ahora informatizado, todavía se siguen denominando ficheros porque solían clasificarse en fichas). Los libros se ordenan de tres formas diferentes: por tema, por autor y por título.

2. **PRENSA.** Muchos periódicos proporcionan una lista de todos los artículos que han publicado. Puede que tu bibliotecario cuente con algunos en microfichas.

3. **CATÁLOGO DE PUBLICACIONES SERIADAS.** Dirígete a él para encontrar algún artículo de revista que haya sido publicado sobre tu argumento.

4. **ARCHIVO VERTICAL.** Aquí es donde encontrarás panfletos y folletos.

5. **CATÁLOGO DE PUBLICACIONES OFICIALES.** Aquí se pueden consultar el BOE (http://www.boe.es) y los Boletines Oficiales Electrónicos españoles (http://www.bne. es/otroslib.htem).

Tu aproximación a la información

Todos los que conocemos las maravillas de la biblioteca hemos desarrollado probablemente nuestra propia técnica de aproximación para disfrutar de ella y utilizarla de la forma más eficaz. Mi propia experiencia me dice lo que es obvio: un buen comienzo es algo muy importante. Como no quiero agobiarme con demasiado material, intento comenzar cualquier trabajo de investigación por las líneas generales o argumentos (de las fuentes más amplias), y poco a poco ir bajando la escalera, obteniendo más y más información de fuentes específicas sobre el tema.

Consulta primero los argumentos generales y continúa con la información de fuentes específicas sobre el tema.

Imagínate que tienes que realizar un informe sobre la actual situación en Bosnia. Esto es lo que deberías hacer para aproximarte al tema:

1. Consulta cualquiera de las conocidas ENCICLOPEDIAS que encontrarás en la biblioteca, de ellas obtendrás una perspectiva general e histórica sobre el tema. La entrada de la enciclopedia será lo más comprensible y conciso que encuentres. Como cubren tantos campos y son tan (relativamente) actuales, representan una magnífica fuente descriptiva. Claro que, cuando se trata de una noticia que está todavía latente, te parecerá que todas las enciclopedias están anticuadas. (¿Te has parado a pensar en mirar "Yugoslavia" para tener una perspectiva histórica? ¡Muy bien!).

2. Con una idea general en la cabeza ya puedes empezar a consultar los **PRINCIPALES CATÁLOGOS Y DIRECTORIOS** de la biblioteca para desarrollar una lista de fuentes más específicas. Obviamente, las entradas a estas principales fuentes se pueden consultar directamente en artículos específicos de *El País* en microfilme, en publicaciones seriadas en la sección de publicaciones, etc. En ningún momento debes hacer una lista larguísima de nombres y lugares donde buscar, ya que te puede conducir a un número interminable de fuentes y argumentos.

A continuación te doy una lista de los que podrías entresacar de una simple revista o artículo de periódico, todo relacionado con Bosnia: Alija Izaetbegovic, Bosnia Herzegovina, Croacia, Franjo Tudjman, Serbia, Slobodan Milosevic, Montenegro, Radovan Karadzic, servobosnios, servocroatas, Ratko Mladic, Posavina Corridor, este de Eslovenia, musulmanes, Sarajevo, Belgrado, Dayton, OH. ¿Crees que estos datos son suficientes para empezar?

En un breve recorrido por las fuentes de tu biblioteca, descubrirás y aprenderás con facilidad a obtener más material del que necesitarías para escribir un libro en prácticamente todos y cada uno de los apartados. Elabora un índice abarcándolos todos.

¿Qué ocurre si no te sientes cómodo en la biblioteca? ¿No estás acostumbrado a utilizarla? ¿O simplemente crees que es un lugar que te confunde todavía más?

Como ya he dicho, desarrollar cualquier hábito es sólo cuestión de práctica. Cuanto más utilices la biblioteca, mejor te sentirás en ella. Y, por descontado, más te acostumbrarás a los libros. En poco tiempo, tendrás tu propia lista de fuentes con la que empezar cada vez que te encarguen un trabajo.

Si quieres que la biblioteca se convierta en tu segunda casa, y que cada estante sea un fiel amigo, ¿por qué no vas a trabajar allí? En muchas bibliotecas, sobre todo las más pequeñas, a menudo ofrecen oportunidades de trabajo pagado o voluntario. Trabajar de forma voluntaria puede ser una excelente forma de conocer las ventajas e inconvenientes de tu biblioteca.

Muchos de vosotros no utilizáis la biblioteca tanto como deberíais (o quisierais) porque la veis como una confusa serie de corredores. Cuanto mejor os sintáis en la biblioteca, más aprenderéis sobre los materiales que alberga y cómo localizarlos y utilizarlos, y más tiempo querréis pasar allí. Y, por supuesto, más ayuda obtendréis de esta gran fuente que os está esperando con los brazos abiertos.

Elabora una bibliografía de trabajo

¿Bibliografía de trabajo? "Puf", piensas "eso parece complicado". Suena a ¡trabajo!

No te preocupes. Recuerda lo que te dije en el capítulo 3: el primer paso para documentarte es hacer una lista de los libros, las revistas y los panfletos que quieres leer. "Bibliografía de trabajo" no es más que un nombre para referirse precisamente a esa lista.

Incluye dos pasos. En primer lugar, crear fichas bibliográficas para cada fuente que quieras revisar. En segundo lugar, transferir toda la información de tus fichas a una sencilla lista. Ya tienes tu bibliografía de trabajo.

El segundo paso empezó a utilizarse desde que alguien escribió el primer trabajo de documentación, y con un buen motivo: ¡funciona! Sirve para encaminar tu investigación de forma organizada y eficaz y te ayuda a preparar tu bibliografía final.

En otras palabras, es una de aquellas fantásticas herramientas para ahorrar tiempo que prometí enseñarte. No es un trabajo complicado, pero sí es muy importante, así que sigue mis instrucciones al pie de la letra.

Ingredientes esenciales: tarjetas de 15 por 10 cm

Para crear tu bibliografía, necesitarás tarjetas de 15 por 10 cm. Cuestan poco y se pueden comprar en librerías o en tiendas de todo a cien o de material de oficina. (Estas tarjetas también te servirán para tomar notas sobre tu trabajo, así que compra bastantes. Doscientas o trescientas deberían ser suficientes). Compra también una de esas pequeñas cajas destinadas a guardarlas. Escribe tu nombre, dirección y número de teléfono en el fichero. Así, si lo pierdes, puede que algún alma caritativa te lo devuelva. Si no, duplica todo el trabajo, te garantizo que nunca volverás a perderlo.

Primer paso: la elaboración de fichas bibliográficas

Terminarás el primero de los dos pasos bibliográficos en la biblioteca. Lleva contigo las tarjetas, un par de lápices o bolígrafos y, por supuesto, este libro.

Comienza una búsqueda sistemática de cualquier material que pueda contener información relativa a tu trabajo. Busca en los catálogos de los que hablábamos en el capítulo 3 y en otros índices que te recomiende el bibliotecario.

Cuando encuentres un libro, un artículo u otra fuente prometedora, escribe en una tarjeta en blanco la información siguiente:

En la esquina superior derecha de la tarjeta: escribe el número de la biblioteca (el número decimal de Dewey o la letra correspondiente), si es que aparece. Escribe cualquier otro detalle que te pueda ayudar a localizar el material en las estanterías de la biblioteca (por ejemplo: "sala de bibliografía", "sala de catálogos", "sala de prensa y revistas").

En la parte central de la tarjeta: escribe el nombre del autor, si aparece, comenzando por los apellidos, y después el nombre. Luego el título del artículo, en cursiva. Después el nombre del libro, revista, periódico u otra publicación, entre comillas.

Añade cualquier detalle que consideres necesario para volver a buscar el libro de nuevo, por ejemplo:

- **AÑO DE PUBLICACIÓN**.
- **PUBLICACIÓN** (editorial, lugar, número de edición). Si se trata de un periódico puede tener varias ediciones (de mañana, de tarde, etc.).
- **IDENTIFICACIÓN DEL FASCÍCULO** (fecha, número); por ejemplo: Vol. 4, nº 2, 1994.
- **PÁGINAS ESPECÍFICAS** donde aparece la información.

En la esquina superior izquierda de la tarjeta: escribe un número. La primera tarjeta será #1, la segunda #2, y así sucesivamente. Si te confundes y te saltas algún número, no pasa nada, lo importante es que cada ficha tenga un número diferente.

En la parte inferior de la tarjeta: si vas a buscar en más de una biblioteca, escribe el nombre de la biblioteca. Escribe también el nombre del catálogo en el que encontraste la fuente, por si necesitas volver a ella en algún momento.

Repite este trabajo para cada fuente potencial de información que encuentres, y escribe sólo una fuente en cada tarjeta.

Algunos expertos en documentación de trabajos de empresas difieren en la manera de situar los datos en las fichas bibliográficas. No es realmente importante. Si prefieres poner los elementos de tus fichas en otro orden, también vale.

Asegúrate de que lo haces con coherencia, para que luego no tengas que preguntarte qué es cada cosa. Deja algo de espacio libre en la ficha, añadirás más información cuando tengas el material en las manos.

Ejemplos:

Ficha bibliográfica de un libro

> **(1)** 315.6
> Salón general de lectura
>
> Tawney, R.H.
>
> *La sociedad adquisitiva*
> (ver esp. págs. 82-85)
>
> Fichero
> Biblioteca de la Universidad de Granada

Ficha bibliográfica de un artículo de revista

(**2**)   Sala de prensa diaria y revistas

Gibson, Ian

"Salvador Dalí"
El País Semanal
(10 de mayo de 1998, págs. 90-100)

Catálogo de revistas
Biblioteca de Cataluña

Ficha bibliográfica de un artículo de periódico

(**3**)   Sala de microfichas

Ellen, Terry

Bob Smith: The New Widget Spinner
The New York Times
(16 de junio de 1976, edición de tarde, pág. A12)

Índice del New York Times
Biblioteca de Main Street

Descripción bibliográfica de la información en Internet

Como cada vez son más los estudiantes que utilizan Internet como fuente de información, la Organización Internacional de Normalización (ISO) ha creado la norma ISO 690-2 para regular las referencias bibliográficas a documentos electrónicos.

Ejemplo de petición en Internet:

CARROLL, Lewis. Alice´s Adventures in Wonderland

[online]. Texinfo de. 2.1. [Dortmund, Germany]: WindSpiel,

November 1994 [cited 10 February 1995]. Available from

World Wide Web: http://www.germany.eu.net/

books/carroll/alice.html. Also available in PostScript and

ASCII versions from Internet:

ftp://ftp.Germany.EU.net/pub/books/carroll/.

Evaluación de las fuentes

Encontrarás tantas fuentes de información que no te dará tiempo a leerlas todas. Concéntrate en aquella información que se haya publicado recientemente o que haya sido escrita por las fuentes más fiables. No obstante, tampoco te limites demasiado, reúne información de una amplia gama de fuentes. De lo contrario, puede que sólo consigas la información desde un único punto de vista.

Información primaria y secundaria

Hay dos tipos de fuentes de información, las primarias y las secundarias.

Las fuentes de información **PRIMARIAS** son aquéllas escritas por personas que presenciaron o participaron en un acontecimiento. Cuando lees el informe de un científico sobre un experimento que ha llevado a cabo, estás consultando una fuente primaria.

Las fuentes **SECUNDARIAS** son las que escriben personas que no participaron en esos hechos, pero que han estudiado el tema. Cuando lees un libro del año 1950 escrito por alguien que nació en 1960, estás tomando información de una fuente secundaria.

Las fuentes primarias suelen ser las más fiables. Pero dependiendo del tema puede que no haya fuentes primarias disponibles.

Segundo paso: Prepara tu bibliografía de trabajo

Cuando llegues a casa, pasa la información de cada ficha a una sencilla lista. Mientras lo haces, sigue las reglas de estilo bibliográfico que subrayo en el capítulo 10. (Estas reglas abarcan detalles bibliográficos minuciosos: cómo situar los períodos, márgenes, etc.). Cuando hayas terminado la lista, o mejor dicho, tu bibliografía de trabajo, haz una o dos fotocopias. Guarda una copia en el fichero, y la otra en un lugar seguro en tu habitación o escritorio.

Aunque vas a trabajar con tus fichas bibliográficas mientras buscas la información que necesitas, tu bibliografía de trabajo es importante por dos razones:

1. Tendrás una copia de seguridad de todas las posibles fuentes que encontraste. Así, en caso de que pierdas alguna ficha, todavía tendrás la información de su fuente.
2. Podrás utilizar tu bibliografía de trabajo como base para realizar la definitiva.

La bibliografía definitiva, otro requisito más de un trabajo, es un listado de las fuentes de las que obtuviste la información. Tu bibliografía de trabajo contiene todas las fuentes de las que podrías obtener información.

¡Parece trabajo extra!

¿Para qué hacer todas las fichas bibliográficas si luego voy a pasar la información a otro papel? ¿No será una pérdida de tiempo? Por supuesto que no. Te convendrá y te ayudará a organizarte.

Por ejemplo: puede que quieras empezar organizando tus fichas por fuentes: artículos de revistas, enciclopedias, libros, periódicos, etc. Después, cuando estés en la sala de revistas de la biblioteca, tendrás un modo rápido y sencillo de asegurarte de que lees todos los artículos de revistas de la sala de lectura, la referencia de estantería y mucho más.

Pero puede que quieras ordenar tu lista alfabéticamente. O separarlas en función de las fuentes a las que hayas recurrido y a las que no. No hay problema: vuélvelas a mezclar.

Éste es uno de los pocos casos en los que la informática no puede ayudarnos. No intentes escribir tus apuntes o tus tarjetas bibliográficas en el ordenador, aunque tengas un programa de fichas (como Apple´s Hypercard). No es tan fácil, claro ni eficaz. Créeme. Lo he probado y no funciona.

Entrar en detalles

¿Has soñado alguna vez con ser un sabueso como Agatha Christie? ¿O con ser un científico de primera y ganar el premio Nobel? Si alguna vez creíste que ser detective o investigador podía ser divertido, ¡prepárate para pasarlo bien! Ya es hora de investigar qué hay detrás de toda la información que has encontrado, buscando la evidencia y descubriendo la verdad, sólo la verdad y nada más que la verdad.

Dicho de otro modo, es hora de escribir tus apuntes.

Cuando escribas tu trabajo, lo extraerás de tus apuntes, no de los materiales de referencia originales. ¿Por qué? Porque es más sencillo darle la vuelta a unas cuantas fichas que ir hojeando entre cientos de páginas la información que buscas. Porque pesa menos que llevar hasta casa montones pesadísimos de libros desde la biblioteca. Y porque muchas veces no tendrás elección: muchos de los materiales que necesites consultar ¡no se podrán sacar de la biblioteca!

Cuando escribas tu trabajo lo extraerás de tus fichas de apuntes, no de los materiales de referencia originales.

En este capítulo te enseñaré mi propio sistema para tomar apuntes. Domínalo y te será de gran ayuda cuando tengas que sentarte a organizar y redactar tu trabajo.

Pedir información/horario de entrevistas

Antes de hacer nada más, solicita la información que no esté disponible en tu biblioteca y quieras revisar. Si necesitas un folleto de una asociación particular, por ejemplo, pídelo ya. Puede que el material tarde unas cuantas semanas en llegar. (Comprueba si a través de Internet se pueden conseguir más fácilmente. Cuanto más especializados sean los navegadores de la Red a los que tienes acceso, menos tiempo perderás con el correo, incluso para el oscuro material procedente de Zimbabwe).

Si vas a entrevistar a algún experto, fija una fecha para la entrevista con él o ella. Haz una lista de buenas preguntas y compra o pide prestada una grabadora para poder recoger exactamente los comentarios de tu entrevistado.

¡Al ataque de los libros!

Establece amplios períodos de tiempo para tu trabajo en la biblioteca. Y recuerda: es mejor ir menos veces pero más tiempo que hacer quince o veinte visitas breves.

Cuando vayas a la biblioteca, lleva contigo las fichas bibliográficas, una buenas provisiones de fichas en blanco, tu esquema general y varios bolígrafos o lapiceros.

Tus fichas bibliográficas son el mapa que te llevará hasta el tesoro. Cuando llegues a la biblioteca, saca cinco o seis fichas, busca los materiales escritos en ellas, escoge una mesa apartada y ponte a trabajar.

Cuando redactes tu trabajo, reunirás la información a partir de tus fichas, no de las fuentes originales. Por lo tanto, es vital que te esmeres en tomar unos apuntes perfectos.

¿Qué tipo de información deberías incluir en tus notas? Cualquiera que esté relacionada con el tema de tu trabajo y en especial con tu tesis. Esto incluye:

1. Toda la información general que haya del pasado: nombres, fechas, información histórica, etc.
2. Estadísticas.
3. Citas de expertos.
4. Definiciones de términos especializados.

Puede que utilices para tomar apuntes una carpeta de anillas o una libreta. Te mostraré un sistema de toma de notas que creo que es mejor: recoge todas tus notas en fichas blancas.

Como en el caso de las fichas bibliográficas, debes seguir unas instrucciones específicas para que este método funcione. También puedes volver a leer este capítulo en tu primera sesión dedicada a coger apuntes. Después, ya verás como lo haces de forma automática.

Primer paso: Rellenar una ficha bibliográfica

Supongamos que has encontrado un libro de referencia que contiene información sobre tu trabajo. Antes de empezar a tomar apuntes, saca la ficha bibliográfica de ese libro.

En primer lugar, comprueba que toda la información que apuntas en tu ficha es correcta. ¿Es el mismo título? ¿He escrito correctamente el nombre del autor?

A continuación, añade cualquier otro dato que puedas incluir en tu bibliografía final. El tipo de información que debes poner en tu ficha bibliográfica depende de dos factores: 1) el tipo de material de referencia y 2) el formato bibliográfico que te pidan.

Debes presentar las referencias bibliográficas en las citas a pie de página o en el repertorio bibliográfico final. No existen normas oficiales para presentar la bibliografía. Hay normas ISO, normas Chicago, normas UNE, como la UNE 50-104, que se titula *Referencias bibliográficas. Contenido, forma y estructura*. Lo más importante a la hora de hacer una bibliografía es ser siempre coherente y no cambiar de criterio dentro de una misma publicación.

Por desgracia, aunque sólo utilicemos una serie de reglas, éstas varían según los distintos tipos de materiales. Así, no incluye los mismos elementos una referencia bibliográfica de un artículo de revista que una de un libro. Si tuviera que mostrarte cómo hacer referencia a todos los tipos de materiales que te puedas encontrar, este libro se alargaría mucho y sería una pérdida de tiempo y papel, porque ya existen libros en el mercado que te indican las formas de hacer referencia a todos los tipos de materiales. Puede que quieras consultar uno de estos libros si estás trabajando con extraños tipos de materiales.

Como la mayor parte de los estudiantes utilizan sobre todo libros, artículos de revistas y artículos de periódicos para documentarse, daré las normas para estos materiales.

Los registros bibliográficos más comunes incluyen tres tipos de información: autor, título y datos de la publicación. Sin embargo, hay muchos otros datos que se deben situar en estas tres categorías. Incluye en tu ficha la siguiente información, en el orden que te indico.

Si se trata de un libro:

1. Nombre(s) del autor(es).
2. El título del capítulo que utilizaste (si sólo consultaste una parte).
3. El título del libro.
4. El nombre del traductor o del autor del prólogo.
5. Número de la edición. Si no encuentras información sobre el número de edición, asume que es la primera.
6. Número de tomo utilizado, si es que hay más de uno.
7. Número de la serie, si el libro forma parte de una.
8. Lugar de edición y editorial.
9. Si la información pertinente aparece en una pequeña parte del libro, las páginas en donde aparece.
10. Notas: por ejemplo, título original, si se trata de una traducción.
11. Número normalizado: ISBN.

Educación y sociedad

Cómo redactar y presentar tus trabajos

Por lo general encontrarás esta información en la cubierta del libro, en la página del título y/o en la página del copyright.

Si se trata de una revista o periódico:

1. Apellidos y nombre del autor.
2. Título completo del artículo.
3. Nombre de la revista o periódico. (Si trabajas con un periódico que no se publica a nivel nacional o que no todo el mundo conoce, pon el nombre de la ciudad en la que se publica. Por ejemplo: Diario de León (León, España).
4. Número del ejemplar: fasc. 3º.
5. Mes o meses de la edición: julio-septiembre.
6. Año de la edición: 1970.
7. Volumen o Año (corresponde a cada anualidad de publicación): Vol. II.
8. Mención de la página inicial y final mediante la abreviatura pp.: 165-175.

Si se trata de una revista, busca esta información en el borde del principio o en el artículo mismo. En un periódico, busca en la primera página y en el propio artículo.

Por supuesto, no todas las fichas bibliográficas tienen que incluir todos estos detalles. Puede que algunos libros no tengan corrector, por ejemplo. No tienes que escribir "no hay corrector" en la ficha, basta con que pases al siguiente dato.

Segundo paso: Rellenar tus fichas de apuntes

Una vez que hayas terminado tu primera ficha bibliográfica, déjala a un lado. Coge algunas fichas en blanco y comienza a tomar notas de tu fuente de referencia. Sigue estas instrucciones:

- **ESCRIBE UNA REFLEXIÓN, IDEA, CITA O ACONTECIMIENTO POR FICHA.** Si es muy largo, puedes escribir por los dos lados de la ficha. Pero nunca termines de escribirlo en una segunda ficha.

  ¿Y si no me cabe toda la información en una ficha? Estás queriendo recoger demasiada información de una sola vez. Divide la información y distribúyela en diferentes fichas.

- **ESCRIBE CON TUS PROPIAS PALABRAS.** Resume los puntos clave de un párrafo o apartado, o vuelve a escribirlo con tus palabras. Evita copiar la información al pie de la letra.

- **PON ENTRE COMILLAS LO QUE HAYAS COPIADO LITERALMENTE.** Está bien incluir en tu trabajo una frase o un párrafo escrito por otra persona para resaltar un punto especial (aunque debes hacerlo con moderación). Lo que tienes que hacer es copiar las citas tal y como están escritas en el original, hasta la última coma, palabra y punto. Siempre deben aparecer entre comillas.

Añadir detalles de organización

Cuando hayas terminado una ficha de apuntes, debes hacer lo siguiente:

- **En la esquina superior izquierda de la tarjeta:** escribe el número de la fuente de su correspondiente ficha bibliográfica (que aparece también en este ángulo de la ficha). Así recordarás dónde obtuviste la información.

- **Debajo del número de fuente** escribe el número de la página en la que aparece la información.

- **Con tu esquema provisional en las manos, piensa.** ¿Bajo qué encabezamiento de tu trabajo encaja mejor la información de tu ficha? ¿Bajo el "A"? ¿Bajo el "C"? Escribe la letra en la esquina superior derecha de tu ficha.

  Si no estás seguro de dónde situar la información, pon un asterisco (*) en vez de una letra. Después, cuando elabores el esquema más en profundidad, puedes intentar encajar estas fichas "diferentes" en áreas específicas.

- **Cerca de la letra del punto anterior,** escribe un título con una o dos palabras que describa la información de tu ficha.

- **Cuando hayas terminado de tomar apuntes de una fuente en particular,** pon una marca que indique que lo has comprobado en tu ficha bibliográfica. Esto te recordará que ya has consultado esa fuente, al menos por ahora.

Asegúrate de que has transferido la información correctamente a tus tarjetas. Comprueba dos veces los nombres propios, las fechas y otros datos.

Al igual que con las fichas bibliográficas, no es una cuestión de vida o muerte poner cada uno de estos elementos en el lugar que he dicho. Lo único que hay que hacer es ser constante. Poner siempre el número de página en el mismo lugar y de la misma forma. Y lo mismo para el número de fuente, el título del tema y el encabezamiento.

Aquí tienes un ejemplo de una ficha de apuntes completa con la que te puedes orientar.

> **Ejemplo de ficha terminada**

(2)	C
p. 22	Educación y distinciones

Smith recibió títulos honorarios en derecho en las universidades de Harvard & Princeton.

Añade tus notas personales

A través del proceso de toma de apuntes, puede que quieras crear algunas fichas "personales" con tus propias ideas, reflexiones o impresiones sobre el tema de tu tesis, para después incluirlas en tu trabajo.

Puede que se te haya ocurrido una introducción fantástica para el trabajo. Escríbela en una ficha. O quizás te hayas acordado de una experiencia personal que tenga relación con el tema. Escríbela en una ficha.

Escribe cada idea en una ficha distinta, igual que hiciste con las otras fichas de apuntes. Asigna a cada ficha un tema y un pequeño encabezamiento, como en las demás fichas. Donde normalmente escribes el número de fuente, pon tus propias iniciales u otro símbolo. Así te acordarás de que tú eres la fuente de información.

Echa un vistazo fuera en busca de nuevas fuentes

Cuando busques información en un libro de referencia, a menudo descubrirás que éste te lleva a otras fuentes adicionales.

Comprueba si estas fuentes adicionales están en tu bibliografía de trabajo. Si no lo están, y crees que merece la pena consultarlas, añádelas. Elabora una ficha bibliográfica para cada nueva fuente.

Descarta caminos improductivos

Si una fuente en particular no te proporciona ninguna información útil, elimina esa ficha bibliográfica de tu montón y colócala en el fichero por si más tarde pudieras necesitarla.

Si estás convencido de que no vas a volver a necesitar esa fuente, tírala junto con la ficha bibliográfica. Después, elimínala de tu bibliografía de trabajo. No pierdas tiempo en volver a numerar las fichas que te quedan, no importa que falte algún número.

¿Para qué hago todo esto?

De todos los consejos que te doy en este libro, seguramente el de tomar los apuntes correctamente es uno de los más útiles. De hecho, muchos escritores profesionales creen en él a pie juntillas (incluido yo).

Cuando vayas a redactar tu bibliografía definitiva, obtendrás toda la información de tus fichas bibliográficas. No tendrás que volver a la biblioteca a buscar los detalles bibliográficos. Lo único que tienes que hacer es colocar las fichas según aparecen en la bibliografía y copiar la información.

Tomar los apuntes correctamente te ayuda a organizar las búsquedas y te facilita el trabajo de redacción.

Pero la mayor ventaja de este sistema es que te ayuda a organizar las búsquedas y te facilita el trabajo de redacción.

Verás qué fácil te resulta el próximo capítulo.

Organiza el material encontrado

Ya tienes toda la información necesaria.

Lo cual significa, si has administrado bien tu tiempo, que al menos una cuarta parte de tu trabajo, o incluso tres cuartas partes, ya están hechas. Aunque todavía no hayas escrito ni una sola línea del primer borrador. (Si bien pronto descubrirás que eso también lo tienes).

Ya has revisado todos los materiales de referencia que aparecían en tu bibliografía de trabajo. Has terminado tus fichas bibliográficas. Has descubierto mucha información sobre tu trabajo. Y has tomado apuntes. Ha llegado la hora de organizar tu información. Debes decidir si tu tesis provisional continúa teniendo el mismo objetivo. Tienes que determinar cómo organizarás el trabajo y debes elaborar un esquema detallado.

Revisión de tu argumento de tesis

Echa un vistazo al argumento de tu tesis. ¿Sigue teniendo sentido después de haber examinado la información que has conseguido? Si no lo tiene, revísala.

Tu investigación debe haberte llevado a algún tipo de conclusión sobre el tema. Esto debería conducirte, a su vez, al argumento final de la tesis de tu trabajo.

Clasifica tus fichas

Una vez que hayas decidido tu tesis definitiva, empieza a pensar cómo distribuir el trabajo. Aquí es donde el sistema de apuntes en fichas del capítulo 5 cobra importancia.

Saca todas tus fichas, y sigue estos pasos que te señalo a continuación:

- Agrupa las fichas según la letra de tema de tu esquema (es decir, la que está situada en la esquina superior derecha de las fichas).
- Coloca los diferentes grupos en orden, de acuerdo con tu esquema provisional. La letra "A" en primer lugar, después la "B", después la "C" y así sucesivamente.
- Haz una segunda clasificación con las fichas de cada grupo. Junta todas las fichas que compartan el mismo "título", las dos palabras de la esquina superior derecha.

- Saca las fichas que en su momento no supiste incluir en ningún apartado de tu trabajo, las que estaban marcadas con un asterisco. ¿Podrías encajarlas en alguno de los grupos? Si es así, cambia el asterisco por el número del grupo. Si no es así, pon la ficha al final del montón.

Decide cómo vas a ordenar el trabajo

Ahora tus fichas deberían estar organizadas según tu esquema preliminar. Tómate unos minutos para leer todas las fichas de apuntes que has elaborado para tu trabajo, comenzando por el principio del montón hasta el final. Lo que estás leyendo es un boceto de tu trabajo, la información que recogiste en el orden en el que provisionalmente planeaste presentarlo.

El tema y la tesis de tu trabajo pueden determinar qué enfoque sería el más adecuado. Elige el que te resulte más fácil de afrontar y de redactar. Puedes combinar diferentes enfoques.

Ahora tienes que considerar lo siguiente. ¿Sigue teniendo sentido? ¿Quedaría mejor ordenándolo de otra forma? Por ejemplo: quizás habías planeado utilizar el orden cronológico para tu trabajo, para poder contar a tus lectores lo que ocurrió, en el orden en que ocurrió. Pero después de revisar tus fichas de apuntes, decides que sería más eficaz un punto de vista de causa/efecto, para poder explicar, uno por uno, los distintos acontecimientos y su repercusión.

Aquí tienes diferentes maneras de organizar tu trabajo dependiendo del enfoque:

1. **CRONOLÓGICAMENTE.** Relatar los acontecimientos en el orden en que fueron ocurriendo.

2. **ESPACIAL.** Presentar la información en orden físico y geográfico (de norte a sur, de mayor a menor, etc.).

3. **CAUSA/EFECTO.** Presentar los hechos uno por uno, analizando sus repercusiones.

4. **PROBLEMA/SOLUCIÓN.** Presentar una serie de problemas y sus posibles soluciones.

5. **COMPARAR/CONTRASTAR.** Plantear las similitudes y diferencias entre pueblos, objetos o sucesos.

6. **POR ORDEN DE IMPORTANCIA.** Comenzar analizando los aspectos más relevantes de un asunto y a continuación los menos importantes.

El tema y la tesis de tu trabajo puede que determinen qué enfoque sería el más adecuado. Si tienes oportunidad de elegir más de uno, escoge el que más fácil te resulte de afrontar y de redactar. (Nadie dice que tengas que elegir el más complicado). Ten en cuenta que puedes mezclar dos enfoques. Por ejemplo, puedes mencionar los hechos cronológicamente y analizar la causa/efecto de cada uno.

Vuelve a ordenar tus fichas

Si es necesario, vuelve a revisar tu esquema general de acuerdo con la decisión organizativa que acabas de tomar. Aún así, no cambies las letras que habías asignado a los temas de tu esquema. Si decides poner el tema "B" antes en tu nuevo esquema, por ejemplo, sigue utilizando la letra

"B" para referirte a él. De lo contrario, las letras de los temas de tus fichas de apuntes no se corresponderán con las de tu esquema.

Si revisas tu esquema, vuelve a ordenar tus fichas de apuntes para que estén en el mismo orden que tu nuevo esquema.

Ahora coge los grupos de fichas. Vuelve a organizarlos también siguiendo el nuevo enfoque que elegiste.

Por ejemplo: supongamos que te han mandado un trabajo mayor (¡de 25 páginas!) sobre la financiación de la actividad económica del Estado.

Tu esquema general podría ser algo así:

A. Los ingresos públicos.
B. Impuestos.
C. El ciclo de la deuda pública.
D. Distintas clasificaciones de la deuda pública.

Coge las fichas de apuntes con la letra "A" en la esquina superior derecha. Supongamos que sólo hay tres títulos cortos que aparecen en una o más fichas: "impuestos", "emisión de deuda" y "deuda exterior". Ahora ya sabes qué detalles puedes incluir en la primera parte de tu trabajo. Agrupa las fichas por temas y, si quieres, empieza a escribir un esquema detallado basado en tus apuntes.

Añade las fichas con asterisco

Después de clasificar todas las fichas en un tema específico, revisa las que todavía tienes marcadas con un asterisco o con tus iniciales. Intenta incluirlas en tu montón de fichas.

No metas a la fuerza ninguna ficha donde no le corresponde. Si no hay un lugar lógico donde colocar las fichas, seguramente quiere decir que la información no era importante para tu tesis. Pon las fichas juntas en un montón restante. Puedes volver a intentarlo más tarde.

¡Ya tienes un esquema detallado!

Revisa las fichas desde el principio hasta el final. ¿Lo ves? Has creado un esquema detallado sin ni siquiera darte cuenta. Las letras que ordenan los diferentes argumentos corresponden a los principales apartados de tu esquema. Y los títulos de tus fichas serán los subtemas.

Sólo tienes que escribir los títulos de las fichas en el trabajo y aparecerá el esquema en el mismo orden en que está en nuestro montón de cartas.

Hay algunos profesores que quieren dar el visto bueno a los esquemas antes de permitirte continuar con el trabajo. Si el tuyo te lo pide, coge el formato de tu esquema detallado. Puede que necesites utilizar un formato diferente de numeración al que te enseñé antes. Por ejemplo números romanos en vez de letras mayúsculas para los apartados generales.

Esto te permite ser todo lo detallado que quieras con tu esquema. En la mayoría de los casos debería ser suficiente un esquema de dos niveles, es decir, el tema del argumento más los subtemas. Recuerda que debes tener un mínimo de dos entradas en cada nivel de tu esquema.

Aquí tienes un ejemplo de esquema detallado para tu trabajo sobre la financiación de la actividad económica del Estado:

Trabajo sobre la financiación
de la actividad económica del Estado

1. Los ingresos públicos
    A. Concepto
    B. Clasificación
2. Impuestos
    A. Ordinarios
        - originarios
        - derivados (tasas e impuestos)
    B. Extraordinarios
        - impuestos extraordinarios
        - deuda pública
        - enajenación patrimonial
3. El ciclo de la deuda pública
    A. Fase de emisión
    B. Fase de colocación de la deuda pública
        en el mercado
    C. Fase de servicio de la deuda
    D. Fase de amortización de la deuda
    E. Fase de conversión de la deuda
4. Distintas clasificaciones de deuda pública
    A. En función del plazo o del período de
        amortización:
        - deuda a corto plazo
        - deuda a largo plazo
    B. Según el tipo de amortización
        - deuda amortizable
        - deuda perpetua
    C. Según el mercado en el que se coloque
        - deuda interior
        - deuda exterior
    D. Según la suscripción
        - deuda por suscripción voluntaria
        - deuda por suscripción obligatoria

¡Tenías razón, es muy útil!

Si no te habías dado cuenta todavía, seguro que ahora has entendido por qué el sistema de fichas es tan útil. Si lo hubieras escrito en unas cuantas docenas de folios ahora tendrías por delante una ardua tarea tratando de extraer la información y ordenarla de forma lógica, y tampoco podrías desordenarlo y volverlo a ordenar a tu antojo con tanta facilidad.

Y ésta no es la única ventaja de tener tus apuntes en fichas individuales. Como verás en el capítulo 7, este sistema de fichas te ayudará también a afrontar la siguiente fase de tu trabajo: redactar un borrador preliminar.

Redacta un borrador preliminar

Por alguna razón que desconozco, éste es el paso más duro para la mayoría de las personas. Creo que es psicológico. Se trata del temor o la vergüenza a que quienes lo lean lo juzguen ridículo.

Bueno, lo que está claro es que no puedes presentar un trabajo si no lo escribes. Y como tienes que escribirlo obligatoriamente, será mejor que te lo tomes lo mejor posible y le plantes cara desde ahora.

Seguro que con ayuda de este libro este paso te resultará más fácil que al resto de tus compañeros. Eso, claro está, si hasta ahora has seguido mis instrucciones al pie de la letra: tomando buenos apuntes, organizando tus fichas y preparando un esquema detallado.

Puede que no te hayas dado cuenta, pero ya tienes hecha la mayor parte del trabajo de redacción. Tienes pensado cómo vas a ordenar el trabajo, tienes los apuntes perfectamente organizados y ya tienes un esquema. Sólo te queda pasar la información y las ideas de las fichas al papel.

Como escritor sé que, aunque lo tengas todo listo, sólo pensar en escribir el trabajo todavía infunde respeto. Por eso, en este capítulo, te daré algunos consejos y trucos que te facilitarán un poco la tarea.

Como los conceptos que aprenderás en este capítulo y el siguiente se deben realizar al mismo tiempo, debes leer los dos capítulos antes de empezar a escribir. Luego, vuelve aquí y comienza a trabajar siguiendo los pasos que te he indicado.

Prepara el escenario para una buena representación

Por desgracia para los más juerguistas, escribir es una actividad que se debe realizar en solitario. Redactar bien supone concentrarse y pensar. Y para poder concentrarse y pensar se necesita tranquilidad, mucha tranquilidad.

Busca siempre un lugar tranquilo para trabajar, y haz todo lo posible por asegurarte de que nadie te interrumpa.

Busca un lugar tranquilo para trabajar, y haz todo lo posible por asegurarte de que no te interrumpan. No hay nada peor que tener una frase perfecta en la mente y que un globo de chicle de un amigo tuyo la borre de tu mente para siempre.

(Lo repetiré hasta la saciedad. No hay unas reglas de estudio definitivas. Y ésta no es una de ellas. Al igual que muchos de vosotros podéis estudiar con la radio encendida, otros no necesitaréis de toda esa tranquilidad para trabajar, y trabajar bien. De hecho, puede que demasiada tranquilidad sea contraproducente en tu caso. Debes hacer lo que a ti te funcione. Como ya he dicho, yo intenté escribir, estudiar, y realizar todo tipo de tareas que requieren concentración con la radio aporreando. Incluso tomé notas y organicé mi primer libro mientras veía la televisión, pero de lo que me convencí es de que no puedo escribir nada que merezca la pena mientras veo la tele).

También vas a necesitar mucho espacio en tu mesa para poder esparcir todas las fichas. Tu lugar de trabajo debe estar bien iluminado. Asegúrate también de tener siempre a mano un diccionario general y otro específico.

A ser posible, redacta el trabajo en un ordenador, así podrás borrar, añadir y ordenar el trabajo con facilidad. No te preocupes si tu programa no está "a la última", con un procesador de textos convencional tienes más que de sobra.

No te desquicies

Si afrontas tu primer trabajo pensando que el resultado va a ser como si lo hubiera hecho el profesor, estás perdido. Ese tipo de actitud presiona mucho y sólo te conducirá a la frustración y a la ansiedad.

Por ahora, tu objetivo es elaborar un borrador de prueba. Y como bien dice la palabra "prueba", no tiene que ser perfecto y necesita una revisión posterior.

Si te tranquilizas y no aspiras a tanto, seguro que las ideas te vienen a la cabeza con más fluidez. Te sorprenderás de las buenas y creativas ideas que se te pueden ocurrir cuando no estás todo el día preocupado pensando que puedes cometer errores.

La casa se empieza por los cimientos

El principio de una buena redacción tiene poco que ver con la gramática, la ortografía o la puntuación. El principio de una buena redacción es siempre una buena meditación.

Tus reflexiones, tus ideas y tu lógica son los cimientos de tu trabajo.

Claro está que las herramientas de escritura son importantes. Tienes que asegurarte de que no hay faltas de ortografía y de que todos los puntos y las comas están en su sitio.

Pero tus reflexiones, tus ideas y tu lógica son los cimientos de tu trabajo, y ya sabes que los cimientos de una casa hay que colocarlos antes que las puertas.

Así que, por ahora, céntrate en poner tus ideas por escrito. No te preocupes si no estás utilizando la palabra "correcta" o si las comas no están en su sitio. Ya te encargarás de sacarle brillo más adelante.

Haz un borrador de fichas de apuntes

Tus fichas te ayudaron a elaborar un esquema detallado. Ahora, vas a sacarles provecho por segunda vez, sirviéndote de ellas para estructurar los párrafos y frases de tu trabajo.

Vamos a volver a clasificar y ordenar las fichas. El resultado de esta labor es lo que yo llamo "borrador de fichas".

Esto es lo que debes hacer:

1. Tus fichas de apuntes deberían estar en el mismo orden que tu esquema detallado. Coge todas las fichas que tengan la letra del primer tema de tu trabajo.

2. De ese montón, extrae aquéllas que tengan el mismo "título" que el primer subapartado de tu esquema.

3. Observa la información de esas fichas y piensa cómo podrías juntar en un párrafo los diferentes datos, citas y hechos.

4. Ordénalas según el orden que tú creas que es mejor para redactar un párrafo.

Construir buenos párrafos

No quiero entrar en una extensa discusión sobre cómo redactar mejor. Pero en vista de que estamos considerando cómo construir párrafos, me parece lógico pararme y reflexionar brevemente sobre qué se necesita para lograr construir un buen párrafo.

Cada párrafo de tu trabajo es como una pequeña redacción. Debería tener una frase principal, es decir, una afirmación que fuera la clave o hecho relevante que razonarás a lo largo del párrafo y que contiene las pruebas para respaldarlo. No esperes que tu posible lector crea tu afirmación porque sí, debes justificar tus afirmaciones con información verdadera. Esta "veracidad" de tus afirmaciones puedes defenderla de diferentes formas:

- Con citas de expertos.
- Con estadísticas fiables.
- Con ejemplos que hayas encontrado o con tu propia experiencia.
- Con descripciones detalladas u otro tipo de información previa.

Los párrafos son como ladrillos de información: vete colocándolos, uno por uno, hasta que tengas un muro de pruebas. Si construyes cada párrafo concienzudamente, tus lectores no tendrán elección y acabarán aprobando tu conclusión final.

Cada párrafo de tu trabajo es como una pequeña redacción. Si los construyes concienzudamente, tus lectores acabarán aprobando tu conclusión final.

Si los párrafos son los ladrillos de tu muro de pruebas, las transiciones, es decir, las frases u oraciones que conducen al lector de una idea a otra, son el cemento que los mantiene unidos. Las transiciones uniformes ayudan a los lectores a enlazar sin esfuerzo el final de un párrafo con el principio de otro. (La primera frase de este párrafo es un ejemplo de transición).

Ahora vamos a pasarlo al papel

Ya es hora de dar un paso decisivo y convertir nuestro borrador de fichas en un borrador preliminar de nuestro trabajo. Con tus fichas como guía, siéntate y ponte a escribir.

Escribe el borrador a doble o triple espacio, esto hará más fácil la tarea de corregirlo. Cuando hayas terminado con una ficha, pon una marca de comprobación en la parte inferior.

Si decides no incluir la información de una ficha en particular, no la tires de momento. Déjala en un montón aparte. Puede que decidas incluir esa información en otra parte del trabajo o que vuelvas a cambiar de opinión después de leer el borrador.

Si te atascas...

¿Ya te ha entrado el bloqueo del escritor? Aquí tienes unos cuantos trucos para desbloquearte:

- **HAZ COMO SI ESTUVIERAS ESCRIBIENDO A UN BUEN AMIGO.** Cuéntale todo lo que has aprendido sobre el tema y por qué crees que tu tesis es correcta.

- **UTILIZA EL LENGUAJE DE TODOS LOS DÍAS.** Muchas personas se atascan tratando de utilizar palabras y frases rebuscadas, y olvidan que su objetivo es comunicar. Cuanto más sencillas sean tus frases, mejor.

- **ESCRIBE CUALQUIER COSA.** ¿Por qué una pantalla o una hoja en blanco bloquea tanto al escritor? Eso nos pasa a todos, y sólo hay una manera de solucionarlo: escribir algo, cualquier cosa. Una vez que has escrito el primer párrafo, aunque sea un párrafo malísimo, tu cerebro comenzará a generar ideas espontáneamente.

- **¡NO TE CORRIJAS CONTINUAMENTE!** Mientras escribes el borrador, no estés siempre mortificándote con pensamientos negativos como "esto que he escrito es una estupidez" o "soy un escritor acabado ¿pero es que no puedo decirlo mejor?". Recuerda, tu objetivo ahora es redactar un borrador, no un best-seller.

- **SIGUE ADELANTE.** Si te atascas en algún párrafo o idea, no te quedes contemplándolo durante horas, ni siquiera durante unos minutos. Escribe una nota rápida sobre el asunto que quieres tratar en ese apartado y pasa a otro.

Aquí tienes un ejemplo de un trabajo sobre el catolicismo en el siglo XVI: "Dar ejemplos de los cambios ocurridos en diferentes órdenes monacales: benedictinos, agustinos, franciscanos. Destacar el crecimiento de nuevas órdenes y nombrar: jesuitas, capuchinos, etc."

Si ni siquiera puedes conseguir hacer eso, salta todo el apartado y vuelve a retomarlo más tarde. Lo importante es que hagas cualquier cosa pero siempre avanzando. Oblígate a recorrer todo el camino del trabajo, parándote las menos veces posibles.

El problema de plagiar

¡Es tan tentador! Tienes problemas con una frase o un apartado. La información que necesitas está expresada a las mil maravillas en aquel artículo que encontraste en una vieja revista. ¿Por qué no copiar ese apartado de la revista? Está tan mohoso y acartonado que tu profesor nunca se enteraría de lo que has hecho. ¿Por qué no?

Atribuirse las palabras o ideas de otro es lo que jamás se debe hacer en un trabajo de documentación.

Porque eso sería plagiar, por eso mismo. Y plagiar, es decir, atribuirse las palabras o ideas de otro, es lo que jamás se debe hacer en un trabajo de documentación. Es el camino más seguro para hacer que tu nota baje y baje y baje. Incluso te podrían suspender. Y, notas aparte, no es ético.

"¿Pero quién va a enterarse de que no lo escribí yo?" te preguntarás. Lo siento, pero las probabilidades son de 999 sobre 1 a que te descubran.

En primer lugar, tu profesor habrá estado leyendo trabajos de documentación, muchos de ellos sobre el mismo tema de tu trabajo, durante años. Aquellos mismos "pasajes perfectos" tienden a aparecer una y otra vez. ¿Realmente crees que tu profesor pensará que es una coincidencia que escribieras el mismo párrafo que un estudiante de la clase del año pasado? Al que, por cierto, suspendió.

En segundo lugar, tu profesor está familiarizado con tu forma de trabajar y tu estilo de redactar. Ese párrafo que tomaste "prestado", escrito con el estilo de otro, va a resaltar notablemente en tu propia prosa.

Y por último, por supuesto, está la parte ética, pero en eso no voy a meterme. Supongo que ya te enseñarían en la guardería que robar está mal. Estos principios también se deben aplicar a las palabras y a las ideas.

Cómo evitarlo

Para evitar el plagio, debes reconocer expresamente el autor original del material que utilizas. Debes también reseñar cualquier hecho, cifra o información que utilices. Esto lo harás a través de observaciones de fuente, es decir, comentarios a pie de página, comentarios finales u observaciones entre paréntesis.

En alguna ocasión puede que quieras incluir una frase o un párrafo tal y como lo ha escrito otro autor.

Si lo haces, debes escribir el texto entre comillas y copiarlo palabra por palabra y coma por coma.

También debes resaltar el párrafo del resto del trabajo sangrándolo por ambos márgenes, de esta forma:

> "El párrafo del autor que estás citando palabra por palabra debe destacar del resto del escrito mediante márgenes a ambos lados. También debe escribirse entre comillas".

Debes utilizar este sistema con moderación, y sólo cuando el fragmento esté escrito de forma tan elocuente y sea tan significativo que impresione al lector.

No debes utilizarlo para rellenar tu trabajo "fácilmente". Si tus profesores se parecen un poco a los que yo tuve, no van a tolerar un trabajo de diez páginas en el que siete de ellas sean citas.

En el próximo capítulo veremos cómo escribir referencias bibliográficas. Como es más fácil que sepas qué argumentos o frases necesitan referencia mientras preparas tu borrador, continúa y lee ahora el capítulo 8.

Ésta es la única excusa buena que tendrás para dejar o aplazar tu redacción. En cuanto hayas aprendido lo que tienes que saber sobre anotaciones de fuente, te sientas y terminas tu borrador. Si tienes en cuenta todo lo que te he enseñado en este capítulo, escribir tu borrador será mucho más fácil de lo que piensas.

¡Te lo prometo!

Referencias bibliográficas

Debes escribir en el trabajo las referencias bibliográficas de todo hecho, expresión o idea que utilices y que no sea tuyo. Durante muchos años, la forma preferida de referencia bibliográfica era la nota a pie de página. Aunque hoy en día existen otras dos, las notas finales y las notas entre paréntesis.

Para simplificar, me referiré a todas ellas como "referencias bibliográficas":

- Notas a pie de página
- Notas al final del libro
- Notas entre paréntesis

Por cierto ¿qué normas se siguen aquí?

Las normas que te propongo a continuación para elaborar las referencias bibliográficas están basadas en la norma española UNE 50-104-94, que se titula *Referencias bibliográficas. Contenido, forma y estructura.*

Asimismo te doy las diferentes normas para los tres tipos de materiales básicos: el libro, el artículo de revista y el artículo de periódico, con ejemplos específicos. Si necesitas las normas de catalogación de otros tipos de documentos puedes consultar en la obra de Pinto, María (Editora). *Catalogación de documentos. Teoría y práctica.* Pról. de Juan J. Fuentes Romero. Madrid, Síntesis, 1994, 510 págs.

Una advertencia: ¿Qué elementos se deben documentar?

Debes poner una referencia bibliográfica cuando estés ante uno de los siguientes elementos en tu trabajo:

- Citas extraídas de una fuente publicada.
- Las teorías o ideas de otro.
- Las oraciones, frases o expresiones particulares de otro.
- Hechos, números e información documental reunida por otra persona.
- Gráficos, fotografías y esquemas realizados por otra persona.

Hay algunas excepciones. No necesitas documentar la fuente de un hecho, teoría o expresión que es de conocimiento común. Ni tampoco cuando utilizas una frase o expresión de la que no hay un autor conocido. Por ejemplo, si mencionas que París es la capital de Francia, no necesitas citar la fuente de esa información. Y lo mismo ocurre para los dichos como "donde fueres, haz lo que vieres" o "una puntada a tiempo ahorra ciento".

Para comprobar si un elemento necesita referencia bibliográfica pregúntate si los lectores pensarían que has llegado a esa conclusión tú mismo. Si la respuesta es "sí", necesitas una referencia. Si dudas, inclúyela de todos modos.

Notas a pie de página

Una nota a pie de página es una referencia bibliográfica que aparece en la parte inferior de una página. Funciona de la siguiente manera: se escribe una cifra en forma de exponente (en voladita) al final de la oración a la que quieres hacer referencia. Esto sirve como llamada al lector para advertirle de que al pie de la página hay una nota acerca del asunto que se está tratando en el lugar donde se ha insertado el número.

Una nota a pie de página es una referencia bibliográfica que aparece en la parte inferior de una página.

Al pie de la página, y antes de escribir la nota, debes poner el número en voladita que corresponde a la oración del texto. Esto indicará al lector de qué oración se trata.

El número de notas a pie de página de un trabajo no está limitado. Numera cada oración de forma consecutiva, empezando por el número 1. Asegúrate de que para cada llamada al lector haya una nota en la parte inferior de la página.

Qué se debe incluir en una nota a pie de página

Básicamente tienes que poner la misma información en un pie de página que en una bibliografía de trabajo.

La mayor parte de la información de las notas a pie de página provendrá de tus fichas bibliográficas, pero tendrás que mirar tus fichas de apuntes para saber el número de página exacto de donde tomaste la información.

Ordena los elementos de la siguiente forma:

1. Nombre(s) del autor(es).
2. Título del libro o del artículo.
3. Información sobre su publicación: lugar de publicación, editorial, año, etc.
4. El número de la(s) página(s) en donde aparecía la información.

Al igual que con los listados bibliográficos, el contenido de una nota a pie de página varía según el tipo de material de referencia que sea. Para refrescar la información específica sobre lo que debes incluir y en qué orden, puedes revisar el capítulo 10.

En las notas a pie de página siempre debes colocar en primer lugar el número en voladita. Generalmente, la explicación va en un tamaño de letra menor que el del texto principal.

Normas de puntuación para las notas a pie de página

Existen unas reglas específicas de puntuación y estilo para escribir notas a pie de página.

Si se trata de un libro, escribe:

1. El número de la nota en voladita.
2. El nombre del autor y sus apellidos.
3. El título del libro.
4. El lugar de publicación, la editorial y el año de publicación.
5. Las páginas exactas de donde obtuviste la información. No escribas "página" ni "pág.", simplemente el número.

Si se trata de un artículo de revista, escribe:

1. El número de la nota en voladita.
2. El autor.
3. El título del artículo.
4. El nombre de la revista.
5. La identificación del fascículo (fecha, número).
6. El número exacto de la página de donde se tomó la información.

Si se trata de un artículo de periódico, escribe:

1. El número de la nota en voladita.
2. El autor.
3. El título del artículo.
4. El nombre del periódico en el que apareció el artículo.
5. El nombre de la ciudad o población en donde se publica el periódico.
6. El día, mes y año de publicación.
7. La edición (puedes abreviarlo en "ed.") si es que hay más de una al día.
8. La sección y página exacta de donde se sacó la información.

Si hay algún otro tipo de información en tu ficha, como por ejemplo el nombre del editor o de la colección, debes incluirlo en tu referencia. Ordena la información como si se tratase de una bibliografía de trabajo. (Ver capítulo 10).

Si ya has citado una fuente

Las notas a pie de página deben acortarse reduciendo los títulos largos, abreviando los títulos de las revistas y omitiendo el lugar de edición y nombre del editor. Cuando hay dos o más referencias a un mismo autor, éstas se darán en orden cronológico. Si has obtenido la información de dos libros diferentes escritos por el mismo autor, debes incluir también el título del libro. Si es un libro anónimo, escribe el título y la página.

Ejemplos de notas a pie de página

A continuación tienes cuatro ejemplos de notas a pie de página. Tres de ellos muestran las diferentes formas de hacerlo según las fuentes (libro, artículo de revista o artículo de periódico), y el cuarto muestra cómo citar varios autores:

[1] Currás, E. (1991), *Thesauros: lenguajes terminológicos*. Madrid; Paraninfo.

[2] Gouadec, D. (1987): "Les horizons de la terminotique". En: *Meta*, 32, 2, pp. 130-138.

[3] Vargas Llosa, M.: "El canto de las sirenas". *El País*, 14- 7- 96.

[4] Miguel, C.A.; Cañizo A. del; Costa, A.: *Biología y Geología, 3º ESO*. Everest, León, 1995.

Notas al final del libro

Las notas al final del libro son básicamente lo mismo que las notas a pie de página. A lo largo de tu trabajo, indica la existencia de una nota al final de la misma forma que lo hacías con las notas a pie de página, es decir, llamando al lector con un número en forma de exponente (en voladita). La única diferencia es que vas a escribir las fuentes de información en una página aparte al final del libro en vez de colocarlas en la misma página abajo.

Titula la última página de tu trabajo "Referencias bibliográficas", y centra el título en la parte superior de la hoja. Deja márgenes por todos los lados de la página (arriba, abajo, a la derecha y a la izquierda).

Coloca las referencias en forma de lista comenzando por la número 1, luego la 2, la 3 y así sucesivamente.

Referencias bibliográficas entre paréntesis

Las referencias entre paréntesis son probablemente el camino más fácil para documentar las fuentes. Con este sistema, incluyes brevemente la referencia en el cuerpo de tu trabajo, entre paréntesis (de ahí su denominación de "referencias entre paréntesis").

Por lo general, tu referencia incluirá solamente el apellido del autor y el número de página de donde se obtuvo la información. Por ejemplo: (Gouadec, D. pp. 8-14).

La referencia debe incluir información suficiente para que tus lectores puedan encontrar exactamente la fuente de tu bibliografía.

Para completar los detalles sobre la fuente, los lectores deberán dirigirse a tu bibliografía. En este caso, deberían buscar un libro o un artículo de un tal Gouadec, D.

Asegúrate de que tu referencia incluye información suficiente para que tus lectores puedan encontrar exactamente la fuente en tu bibliografía de trabajo.

Por ejemplo, si en tu bibliografía citas dos obras diferentes, ambas escritas por autores con el mismo apellido, deberías incluir el nombre del autor en tu nota entre paréntesis.

Si tienes dos libros escritos por el mismo autor, incluye el título del libro al que estás citando. Si es muy largo puedes intentar abreviarlo en dos o tres palabras.

¿Ahora o más tarde?

Puedes incorporar tus referencias bibliográficas mientras escribes tu borrador o puedes incluirlas en un segundo borrador.

Te sugiero lo siguiente:

1. Mientras escribes tu borrador, marca todos los párrafos o frases que necesiten ser documentados. Apunta el número de la fuente (el número que está en la esquina superior izquierda de tu ficha de apuntes) y el número de la página de donde obtuviste el material.
2. Mientras redactas tu borrador final, convierte estas notas apuntadas en notas materiales.
3. Continúa con el resto del texto, numerando cada referencia consecutivamente.

4. Si vas a utilizar notas a pie de página o notas al final del libro, cuando tengas que apuntar la primera nota en tu texto, reemplaza la letra y el código con el numeral en voladita.

Busca la ficha bibliográfica que corresponda al mismo número de fuente que tu nota preliminar. Escribe tu nota a pie de página o al final del libro utilizando la información de tu ficha bibliográfica. Utiliza el mismo número de página que en tu nota preliminar.

Si vas a utilizar notas entre paréntesis, busca la ficha bibliográfica que corresponde al número de fuente de tu nota preliminar. Reemplaza el código de número-letra con tu nota entre paréntesis. Ahora ya sabes el número de página que tienes que citar porque lo tienes en tu nota preliminar.

(Es obvio que si trabajas con un ordenador esto sólo funcionará si imprimes una copia del borrador. Cuando reemplaces tu nota preliminar con el código numerado, perderás la información sobre la fuente y el número de página que tienes que citar).

Revisa tu obra maestra

Ya puedes respirar tranquilo, tu primer borrador
está terminado. El siguiente paso es pulir tu dia-
mante en bruto para transformarlo en una res-
plandeciente joya. En los capítulos que quedan
del libro, lo revisaremos una y otra vez hasta llegar al borrador definitivo.

Como hemos hecho ya con otras partes de tu
trabajo, dividiremos este proceso en varios pasos.

En este capítulo, trabajaremos en dos de esos
pasos. En primer lugar, corregirás el trabajo en lo
que a contenido y claridad se refiere. Luego, pasarás a los puntos más delicados: la gramática, la
ortografía, la construcción de oraciones, etc.

Fase nº 1:
Corregir el significado

Como ya he dicho, no vamos a abarcar todas las revisiones en un solo paso. En este punto todavía no tienes que concentrarte en la gramática, la ortografía, ni en otros aspectos técnicos de tu trabajo. Por supuesto, si ves algún error en estas áreas, márcalo, pero no te retrases en ese paso ahora.

Durante esta fase del proceso de revisión, deberías estar intentando hacer lo siguiente:

- **MEJORAR** la fluidez del trabajo, entre párrafos y entre frases.
- **ORGANIZAR** mejor tus ideas y tu información.
- **ACLARAR** los puntos confusos.
- **ESCRIBIR** mejor los argumentos poco convincentes, explicándolos con más claridad al añadir más información para demostrar tu punto de vista.

Lista de lo que se debe revisar

Mientras revisas tu borrador, hazte las siguientes preguntas:

- ¿Estoy enlazando mis ideas de forma lógica?
- ¿Están los significados de mis frases perfectamente claros?
- ¿Tienen sentido todas mis frases o son la base para demostrar lo que digo en otras?
- ¿Vas cambiando de tema poco a poco, o saltas de uno a otro aleatoriamente?
- ¿Demuestras tus conclusiones con pruebas sólidas, como información documentada, ejemplos y estadísticas?

- ¿Estás incluyendo una mezcla de pruebas, por ejemplo, citas de expertos, información científica, experiencia personal y ejemplos históricos?
- ¿Tienes una introducción y una conclusión sólidas?
- ¿Lo has escrito con tus propias palabras y tu propio estilo? ¿O simplemente te has limitado a escribir frases aisladas y citas "prestadas" de otros autores?
- ¿Has enfocado el tema desde todos los puntos de vista? ¿Has asumido que los lectores saben más de lo que en realidad saben? (Recuerda: ahora el tema te suena porque te has pasado semanas trabajando en él. Sólo porque algo te parezca "obvio" no quiere decir que tus lectores entiendan a qué te estás refiriendo).
- ¿Has convencido a tus lectores de que tu tesis es válida?

Señala con un lápiz o un bolígrafo de color los puntos que presentan alguno de estos problemas. Si se te ocurre una idea para fijar un apartado, escríbela en tu borrador.

Luego, pídele a algún amigo o a tus padres que lean el trabajo. Pregúntales qué apartados están más confusos y cuáles no están muy bien escritos. Apunta en tu borrador todo aquello que presente problemas.

Ahora, siéntate y vuelve a escribirlo. Céntrate en estas áreas problemáticas que has encontrado. Si es necesario, añade información nueva. Juega con las oraciones, los párrafos e incluso con apartados enteros.

Si estás trabajando con un ordenador, este paso te resultará muy fácil. Con solo tocar unas teclas puedes mover palabras, cortar y añadir frases e incluso volver a ordenar páginas enteras.

Si todavía estás sentado delante de una máquina de escribir o escribiendo con papel y bolígrafo, puedes hacer lo mismo, utilizando tijeras y cinta adhesiva. Recorta las páginas de tu borrador y pégalas en su nuevo orden.

Céntrate en las áreas problemáticas. Si es necesario, añade información nueva.

Si no sabes cómo poner una frase o párrafo molesto, tómate un poco de tiempo para escribirlo. Piensa en lo que estás intentando decirle al lector: ¿qué es lo que pretendes comunicar? Una vez que tengas claro lo que quieres decir, las palabras saldrán solas.

Fase nº 2:
La corrección detallada

Cuando termines de corregir los contenidos y el significado, imprime o pasa a limpio una copia de tu trabajo.

Es el momento de realizar una segunda corrección fijándote en lo que te dije que dejaras para más tarde: la estructura de las frases, la gramática, la puntuación, la ortografía, etc. Vete examinando tu trabajo y comprobando cada fragmento de información con tus fichas de apuntes:

- ¿Has escrito correctamente los nombres, términos y lugares?
- ¿Apuntaste correctamente los números de las estadísticas y la información citada?
- ¿Tienes una referencia bibliográfica para cada parte, expresión o idea que no sea tuya?
- ¿Si has citado literalmente una fuente, lo has hecho con exactitud, palabra por palabra y coma por coma? ¿Está entre comillas?

Señala cualquier corrección en tu nuevo borrador. Utiliza de nuevo un bolígrafo o lápiz de color para poder identificar rápidamente las correcciones más tarde.

Lima las asperezas

Ya tienes localizadas las áreas problemáticas de tu trabajo. Ahora échale un vistazo todavía más de cerca a tus frases y párrafos. Intenta limarlos, ceñirlos y hacerlos más fáciles de entender.

- **¿HAY MUCHO RELLENO?** Aprovecha cualquier oportunidad para decir lo mismo con menos palabras.
- **¿HAY FRASES O CONSTRUCCIONES FORZADAS?** Intenta volver a ordenar la frase o el apartado para que resulte más fluido.
- **¿HAS UTILIZADO PALABRAS DESCRIPTIVAS Y LLENAS DE COLORIDO?** Es preferible que escribas "Los aviones se estropearon" a que lo expreses de una forma tan creativa y colorista como: "los aviones se tornaron desvencijados barcos de metal herrumbroso, proyectiles sin rumbo, abandonados pájaros de guerra que apenas podían derrengarse huyendo".
- **CONSULTA UN DICCIONARIO ESPECÍFICO PARA BUSCAR SINÓNIMOS** más apropiados que el primero que pusiste. Pero tampoco te vayas mucho más lejos y utilices palabras tan rebuscadas que el lector normal no entendería. Cuando dudes, opta por la palabra más sencilla antes que por la rebuscada. Ya lo sabes, lo breve contra lo interminable, lo tangible contra lo hipotético, la palabra más sencilla frente a la frase redundante.

Educación y sociedad

Cómo redactar y presentar tus trabajos

- **¿HAS ABUSADO DE ALGUNA PALABRA?** Si siempre utilizas las mismas palabras sólo conseguirás un trabajo aburrido. Busca sinónimos en un diccionario específico.
- **¿CÓMO SUENAN LAS PALABRAS?** Cuando lees en alto, ¿fluye como una pieza de música, o desafina como una lamentación? Altera la extensión de tus frases y párrafos para hacer la redacción más interesante.
- Recuerda siempre el objetivo del trabajo: **COMUNICAR TUS IDEAS DE LA FORMA MÁS CLARA POSIBLE**. No te pierdas en los detalles. Habréis oído hablar de algún que otro famoso escritor (como Flaubert) que llenaba una papelera entera de páginas antes de conseguir una respetable. Y, en cambio, ¿a que no lo parece cuando lo lees? No te preocupes tanto, no estás escribiendo *El Quijote*. Tranquilízate. Si tuviera que elegir entre la palabra "perfecta" o el trabajo mejor organizado del mundo, me quedaría con el segundo.

Vuelve a señalar las correcciones en tu borrador con un bolígrafo de color. No tienes que volver a pasar a limpio el trabajo por ahora, a menos que esté tan marcado que no se pueda leer.

Comprueba tu gramática y tu ortografía

Ésta es la parte que a nadie le gusta. Es hora de eliminar los errores de gramática y las faltas de ortografía.

Ya sé que te he dicho que los contenidos son lo más importante de tu trabajo. Y es cierto. Pero también es verdad que si tu profesor ve errores de gramática o faltas de ortografía pensará que eres un descuidado y un completo ignorante. Y no creo que esto te ayude mucho a subir la nota.

Así que abre el diccionario y un libro de referencia sobre el uso y la gramática del español. Si no tienes el segundo, toma prestado uno de la biblioteca, o mejor aun, cómprate uno. Pídele a tu profesor que te recomiende alguno.

Lo más importante de tu trabajo es el contenido, pero no puedes presentarlo con errores de gramática o faltas de ortografía.

Vete recorriendo tu trabajo, frase por frase, señalando las correcciones con un bolígrafo o un lápiz de color. Busca:

- **PALABRAS MAL ESCRITAS.** Comprueba todas las palabras. Pregúntate: ¿si tuviera que apostar 10 000 pesetas a que he escrito correctamente esa palabra, sacaría mi billetera? ¿No? Entonces lo mejor será que lo compruebes en el diccionario. Busca sobre todo los errores que tu ordenador no identificaría, como "doce" en vez de "dote".
- **PUNTUACIÓN INCORRECTA:** revisa las normas referentes a las comas, comillas, puntos, etc. Asegúrate de que las sigues durante todo el trabajo.
- **ESTRUCTURA INCORRECTA DE LA ORACIÓN.** Busca gerundios mal utilizados, concordancias verbales, divisiones de las palabras al final de los renglones, coordinación de oraciones y otros "descuidos".

Busca las reglas de esos puntos en tu libro de referencia.

Fase nº 3: Elaborar el borrador casi definitivo

Vuelve a pasar a limpio el trabajo, añadiendo todas las correcciones que señalaste en la fase número dos.

Mientras lo pasas, vete añadiendo los siguientes pasos:

1. El **FORMATO DEL TRABAJO** debe amoldarse a las instrucciones del profesor: debes ajustarte al número de páginas indicado, con los márgenes y el espacio del interlineado señalados. Si no te han dado indicaciones, sigue las siguientes normas:

   - Mecanografía o imprime solamente por una cara del folio.
   - Utiliza papel dina 4.
   - Deja un margen de 1,5 cm aproximadamente por todos los lados: arriba, abajo, a la derecha y a la izquierda.
   - Sangra la primera palabra de cada párrafo cinco espacios por el margen izquierdo.
   - Escribe el trabajo a doble espacio. (Las notas a pie de página a un espacio, pero entre una y otra nota debes dejarlo doble).
   - Numera las páginas en la esquina superior derecha del trabajo, a un centímetro de la parte superior.

   ¿Crees que este paso es absurdo? No te engañes. Después de todo, si ni siquiera sabes seguir las indicaciones más esenciales como son los márgenes, ¿por qué debería pensar tu profesor que el resto está bien?

2. Incorpora las **NOTAS A PIE DE PÁGINA**, las **NOTAS AL FINAL DEL LIBRO** o las **NOTAS ENTRE PARÉNTESIS** definitivas. Si necesitas indicaciones específicas para hacerlo, vuelve a leer el capítulo 8.

3. Ponle un **TÍTULO** a tu trabajo, si todavía no lo has hecho. El título deberá ser corto y "apetecible", pero debe indicar a tus lectores lo que hay en el interior. No te hagas el ingenioso ni el evasivo, eso es para las portadas de las revistas (e incluso ahí es molesto).

Puede que quieras tener un título y un subtítulo, por ejemplo, "El imperialismo: teorías, causas y consecuencias". En ese caso los debes separar mediante dos puntos.

Algunos profesores prefieren que pongas el título, el nombre, la fecha y el número de clase en un folio aparte. Otros prefieren que esta información aparezca en la parte superior de la primera página del trabajo. Como siempre, pregunta al profesor cómo lo quiere.

Ahora puedes darte una palmadita en la espalda. Ya has pasado lo peor.

Elabora tu lista
de referencias

Para cuando hayas terminado el proceso de revisión recalcado en el capítulo 9, tu trabajo debería estar casi listo. ¡Puedes aplaudirte!

Ahora debes preparar la lista de referencias, que es lo que te voy a enseñar en este capítulo. Por último, deberás hacer una corrección ortográfica del trabajo y escribir tu borrador definitivo. Estos pasos se tocan en el capítulo 11.

"Obras consultadas" frente a "obras citadas"

El profesor puede pedirte la "bibliografía consultada", es decir, la lista de los materiales de referencia que consultaste para documentarte, aunque no los hayas incluido en el trabajo. O puede pedirte la "bibliografía citada", es decir, los materiales que mencionas en las notas a pie de página, al final del libro o entre paréntesis.

Si tu profesor no te especifica el tipo de bibliografía que debes incluir, elige la primera. Reflejará mejor el tipo de investigación que has realizado.

Como ya he dicho, no existen normas oficiales para elaborar la bibliografía. Lo más importante es ser siempre coherente y no cambiar el criterio dentro de una misma publicación. Los elementos fundamentales de toda referencia bibliográfica son tres:

Autor/Título/Datos de la publicación

Por ejemplo: PETTERSEN, Sverre. *Introduction to Meteorology*. New York, MacGraw Hill: pp. 200-210.

La ordenación de las referencias debe seguir uno de los dos métodos siguientes:

a. **Según el orden alfabético de los autores utilizados.** Cuando hay referencias a obras diferentes de un mismo autor, éstas se reseñarán por orden cronológico (según la fecha de publicación).

b. **En el mismo orden en el que se citan en el texto.** Delante de cada referencia se colocarán números consecutivos, los cuales servirán también como referencias en el texto.

Por razones prácticas se considera preferible el primer método.

Elaboración de la lista de referencias

La lista debe ir al final del trabajo.

- A unos dos centímetros de la parte superior de la hoja debes escribir, bien centrado: "Obras consultadas" u "Obras citadas", dependiendo del tipo de lista que estés realizando.
- Utiliza los mismos márgenes que en el resto del trabajo.
- Sigue numerando las páginas de acuerdo con el resto del trabajo. No comiences una nueva numeración.
- Comienza a elaborar la lista por orden alfabético, según el nombre del autor. Si no tiene autor, hazlo por la primera palabra del título de la obra (a menos que sea "un", "una", "la", o similar, en cuyo caso debes empezar por la segunda palabra).
- La primera línea de cada obra debería estar a la altura del margen izquierdo. Sangra las otras líneas cinco espacios desde el margen izquierdo.
- Puedes dejar doble espacio entre las líneas y entre las entradas.

Clasifica tus fichas bibliográficas

Debes extraer toda la información de la lista de referencias de tu bibliografía de trabajo. Antes de pasarla a limpio, ordénala alfabéticamente. Después, pasa la información, ficha por ficha, siguiendo las normas de estilo que te indico a continuación:

Si se trata de la referencia a un libro, escribe:

1. Los apellidos del autor y el nombre.
2. El título.
3. Si es una traducción o bien el prólogo es de otra persona.
4. El número de la edición.
5. El lugar de edición y editorial.
6. El año.
7. El número de páginas.
8. La serie: Colección.
9. Las notas, por ejemplo, título original si se trata de una traducción.
10. El número normalizado: ISBN.

Ejemplo:

ECO, Umberto. *Cómo se hace una tesis. Técnicas y procedimientos de estudio, investigación y lectura.* Trad. por Lucía Baranda y Alberto Clavería. 1ª. ed. Barcelona: Gedisa Editorial, 1994, 267 p. Traducción de *Come si fa una tesi di laurea.* 84-7432-451-3.

Si se trata de un artículo de revista, escribe:

1. Apellidos y nombre del autor (los apellidos con mayúsculas, coma y nombre del autor normal).
2. Título completo del artículo, entre comillas.
3. Nombre de la revista, en cursiva.
4. Volumen o Año (corresponde a cada anualidad de publicación).
5. Número del ejemplar: fasc. 3º.
6. Año de la edición: 1970.
7. Mención de la página inicial y final mediante la abreviatura pp.: 165-175.

Ejemplo:

DESANTES GUANTER, José María."La documentación científica como objeto de la información". *Boletín de Documentación del Fondo para la Investigación Económica y Social*, Vol. II, fasc. 3º, julio-septiembre 1970, pp. 165-175.

Si se trata de un artículo de periódico, escribe:

1. Apellidos y nombre del autor (los apellidos con mayúsculas, coma y nombre del autor en minúsculas).
2. Título completo del artículo, entre comillas.
3. Título del periódico en el que aparecía el artículo, en cursiva.
4. Año (corresponde a cada anualidad de publicación).

5. Número del ejemplar.
6. Día, mes y año de publicación.
7. Mención de la página inicial y final mediante la abreviatura pp.: 16-17.

Ejemplo:

VARGAS LLOSA, Mario. "El "hooligan" civilizado". *Diario El País*, Año XXIII. Número 7.707, 21 de junio de 1998, pp. 15-16.

¿Los tienes todos?

Comprueba tu lista de referencias en el texto de tu trabajo. Asegúrate de que has incluido todos los libros que citas a lo largo del trabajo.

Dale los últimos toques

¿La ves? ¿Puedes ver la luz al final del túnel? Deberías, has hecho el 99% de tu trabajo.

No apagues tu motor mental ahora, todavía quedan un par de asuntos espinosos que debes realizar.

En primer lugar, tienes que comprobar la ortografía del trabajo. Después, debes escribir o imprimir una copia perfecta de tu manuscrito y volver a comprobar que no haya faltas.

Para ser un buen corrector debes aguzar el ojo. Por desgracia, seguro que a estas alturas tienes los ojos cansados. Y debes estar tan familiarizado con el trabajo que te será difícil reconocer los errores. Seguramente estarás leyéndolo frase por frase, y no palabra por palabra. Eso significa que estarás saltándote algunos errores tipográficos o de otro tipo.

No te preocupes. En este capítulo te daré algunos trucos para ayudarte a solucionar estos problemas y atrapar esos pequeños fallos de tu manuscrito.

Truco 1:
Lee el trabajo en voz alta

Vete a una habitación tranquila y lee tu trabajo en voz alta. No lo leas con la cabeza, pronuncia las palabras que has escrito. Pronúncialas sílaba por sílaba. Rápidamente encontrarás errores de tipografía o de ortografía.

Señala estos errores con un bolígrafo o lapicero de color y redondéalos. Debes reconocerlos con rapidez y facilidad a la hora de pasarlos a máquina o a ordenador.

Truco 2:
Trabaja de atrás hacia delante

Éste es otro truco fantástico. Lee el trabajo desde el final hacia el principio, empezando por la última palabra de la última página, hasta llegar a la introducción.

Este sistema te ayudará a centrarte en las palabras como elementos independientes, no como significados de una frase u oración.

Truco 3: Utiliza la herramienta de ortografía de tu ordenador

Si trabajas con un ordenador que tenga corrector ortográfico, utilízalo. ¡Pero no te fíes sólo de esa comprobación! Es cierto que reconocerá los errores ortográficos, pero no identificará las palabras que hayas escrito por equivocación, como "juego" por "fuego". Si está escrito correctamente, el ordenador no lo reconocerá. (Hay algunos programas de gramática y uso, ¡mucho mejor si los tienes!).

Truco 4: Que otra persona lea el trabajo

Pídele a tus padres, a tus hermanos o a otro pariente que lea el trabajo. O intercambia tu trabajo con el de otra persona de la clase: tú lees el suyo y él el tuyo.

Es más probable que alguien que no haya leído nunca el trabajo capte un error que tú que lo has leído una y otra vez. (Ten cuidado con la persona que eliges y las instrucciones que le das. Si te quedan dos días para entregar el trabajo, seguro que no quieres oír de tu infame amigo cómo lo hubiera organizado él).

Elabora tu copia perfecta

Después de haber corregido el trabajo varias veces (tres como mínimo), escribe o imprime una copia en limpio. Vuelve a corregirla para asegurarte de que no hay ningún fallo. ¿Hay uno o dos? Vuelve a escribir esas páginas y compruébalo de nuevo. Repite este paso hasta que te asegures de que no hay ningún error.

Júntalo todo

Asegúrate de que tu copia final sea de buena calidad, ya sea mecanografiada o impresa. No utilices el papel de máquina de escribir que se puede borrar. Se mancha muy fácilmente.

Si lo has escrito en el ordenador, no imprimas el trabajo final con una impresora de baja calidad. La mayoría de las veces son difíciles de leer, y lo último que quieres es ponerle difícil a tu profesor la lectura de tu trabajo (algunos ni siquiera aceptan los trabajos impresos de esa forma).

En cuanto tengas la copia definitiva, haz un par de copias de tu trabajo por si pierdes o estropeas el original.

También puedes guardar el trabajo en un disquete y llevarlo a que te lo impriman en una imprenta. Si trabajas con un ordenador compatible, te lo pueden imprimir en una impresora láser, que te da mayor calidad.

Si no tienes acceso a una buena impresora o no sabes escribir bien a máquina, puedes llevar tu copia final a un profesional para que te la pase a limpio. Asegúrate de que lo tenga listo mucho antes de la fecha de entrega.

En cuanto tengas la copia definitiva, vete derecho a la fotocopiadora. Haz un par de copias de tu trabajo por si pierdes o estropeas el original.

Entrega el trabajo

Encuaderna o mete en una carpeta el trabajo, a menos que el profesor lo quiera de otra forma. Después, entrégalo, ¡a tiempo! por supuesto.

¡Ya puedes felicitarte!

Acabas de terminar una de las tareas más difíciles como estudiante. Deberías sentirte realizado. Recuerda que puedes utilizar muchas de las estrategias que has aprendido en los exámenes o para preparar discursos o todo tipo de trabajos escolares (que, como verás, te explico en el próximo capítulo). Las habilidades que has desarrollado durante las últimas semanas o meses te serán de gran ayuda incluso después de que hayas dejado atrás las aulas.

Acepta mi enhorabuena y corre a celebrarlo.

Exámenes y discursos

Enfréntate a las preguntas de examen como lo harías con un trabajo. La diferencia será que no puedes comprobar lo que escribes en un libro ni puedes ir a la biblioteca a documentarte. La información, las ideas, las comparaciones, todo lo que necesitas, está en tu propia biblioteca cerebral, en tu mente.

Jamás de los jamases comiences a responder a una pregunta de examen sin antes haber hecho los "deberes". No me importa que hayas ganado el premio de redacción de la escuela.

En primer lugar, fíjate en lo que te preguntan. ¿Estás seguro de que sabes lo que te están preguntando? ¿Qué verbos están utilizando? No "describas" cuando lo que se te pide es "comparar y contrastar". No "expliques" cuando te digan que "argumentes". Subraya los verbos. (Al final de este capítulo he escrito una lista de los verbos más utilizados en los exámenes y su significado exacto).

Luego piensa durante un minuto lo que vas a poner. O menos de un minuto, dependiendo del tiempo que tengas, pero no empieces a escribir directamente. Éstos son los pasos que deberías seguir antes de responder:

PRIMER PASO: en una hoja de papel en blanco escribe todos los hechos, ideas, conceptos, etc. que crees que deberías incluir en la respuesta.

SEGUNDO PASO: organízalos según el orden en que crees que deberían aparecer. No tienes que volver a escribir las notas en un esquema detallado, puedes numerarlos según el orden en que quieres que aparezcan.

TERCER PASO: redacta el primer párrafo, trabaja sobre él el mayor tiempo posible y lo mejor que puedas, como en los trabajos. Será el esquema e introducirá los puntos claves de tu examen. Aquí es donde te juegas una buena o mala respuesta.

CUARTO PASO: escribe la respuesta.

QUINTO PASO: vuelve a leerla, y, si es necesario, añade otros conceptos, corrige la gramática, las faltas de ortografía, etc. Asegúrate de que no dejas nada sin escribir que pudiera generar un contrasentido: olvidarte un "no", por ejemplo.

Si hay un punto particular que sabes que es importante y que deberías incluir pero no lo recuerdas, intenta acordarte. De lo contrario, olvídate completamente de él y hazlo lo mejor que puedas. Si el resto del ensayo está bien pensado y organizado y transmite claramente los otros puntos que deberían incluirse, dudo que el profesor te suspenda por una omisión.

Recuerda: a pocos profesores les impresionan los exámenes larguísimos. Con una respuesta bien organizada, bien construida y específica, seguro que tendrás mejor nota que con un escrito en donde tiroteas todas las ideas que se te pasan por la cabeza con la supuesta esperanza de dar en el blanco. Preocúpate menos por las palabras específicas y más por la información. Organiza tu respuesta sin fallos y escribe para que te entiendan, no para impresionar. Es mejor que utilices frases, párrafos y palabras más cortas pero ser claro y conciso, que ahogar al profesor en una pesadilla de enunciados interminables de donde nunca sacará nada en limpio (y mucho menos tu sobresaliente).

A los profesores no les impresionan los exámenes largos. Prefieren una respuesta bien organizada, bien construida y específica.

Si no entiendes la pregunta, pide ayuda a tu profesor. Si sigues sin tener ni la más remota idea de qué responder, lo que se dice cero, déjala en blanco. Escribir cualquier cosa que se te ocurra sobre el tema con la esperanza de que una o dos ideas tengan algo que ver con la pregunta es, a mi modo de ver, una pérdida de tiempo para todo el mundo. Es mejor que inviertas ese tiempo en otras preguntas del examen para que te salgan mejor.

Una organización correcta es mejor que una buena redacción

Igual que pienso que numerar tus notas es una herramienta organizativa tan buena como elaborar un completo esquema, también pienso que no hay nada malo en componer un rápido esquema. No tienes que hacerlo con números romanos, basta con una sencilla lista de palabras abreviadas, garabateadas en un trozo de papel o el margen de tu hoja de preguntas. El objetivo de este esquema es el mismo que el de los otros que haces mucho más elaborados: asegurarte de que incluyes todo lo que tienes que decir de forma ordenada.

Nadie va a calificar este esquema. De hecho, nadie va a verlo. Aquí debería dar también mi discurso de "calidad, no cantidad". Espero que escribas bien. Es importante. Pero una redacción excelente, aunque se extienda páginas y páginas, no te va a dar una buena nota a menos que des unas respuestas buenas, impactantes, incisivas y directas. Te repito que la mayoría de los profesores no se dejarán seducir por hermosísimas respuestas vacías. Como tampoco aprobarás por tu estilo ni tu dominio de la sintaxis. Estudia.

Elabora un esquema para asegurarte de que incluyes todo lo que tienes que decir de forma ordenada.

Mira la introducción y la conclusión como si fueran las rebanadas de un sándwich, con la información en medio como si fuera la hamburguesa, la lechuga, el tomate y el pepinillo. El pan es necesario para que no se caiga, pero lo mejor es lo de dentro.

¡Revisa las faltas de ortografía!

Administra el tiempo para poder volver a tus respuestas con tranquilidad y corregir los errores o añadir ideas. Comprueba que no haya errores de ortografía, puntuación, gramática y sintaxis. Sería una lástima que escribieras un magnífico examen y te bajaran la nota por ese tipo de errores.

Cuando termino, termino...
o eso creo

Resiste a la tentación de abandonar la clase o entregar el trabajo antes de que tengas que hacerlo obligatoriamente. Imagínate lo horrible que es estar sentado en la cafetería, mientras todos los demás siguen en clase haciendo el examen, y de repente acordarte de lo que tenías que haber puesto para dejar el examen impecable. ¡Pero es demasiado tarde!

Asegúrate de que no puedes añadir nada más al examen antes de salir de la clase.

¿Sin tiempo no habrá suerte?

Tenías que haber distribuido el tiempo antes de empezar a trabajar, pero esas cosas pasan. Puede que te encuentres con que te quedan dos minutos y una pregunta por delante. ¿Qué haces? Lo más rápido que puedas, escribe todo lo que crees que deberías incluir en la respuesta y numera cada punto en el orden en el que lo habrías escrito. Si te queda tiempo para reorganizar tus notas en un esquema más organizado, hazlo. Muchos profesores te subirán un poco la nota (o te darán la máxima puntuación en la pregunta) si tu esquema contiene toda la información que se suponía. Al menos demostrarás que sabías bastante sobre el tema y que habrías podido contestar razonablemente.

Uno de los motivos por los que puedes haberte quedado sin tiempo suficiente para terminar el examen es que perdiste demasiado tiempo respondiendo a las primeras preguntas. Como querías estar seguro de que el profesor supiera que sabías la respuesta, escribiste y escribiste y escribiste hasta agotar el tiempo.

Ten cuidado, algunos profesores hacen preguntas muy generales, que, si quisieras, podrías estar contestando días y días. En esos casos, no suelen estar examinando tus conocimientos sobre el tema, sino tu habilidad para corregirte, organizarte y resumir los puntos importantes.

Las preguntas muy generales sirven para examinar tu habilidad para corregirte, organizarte y resumir los puntos esenciales.

Recuerda que no importa lo fantástica que te quede una respuesta, siempre será un quinto de la nota; suponiendo que hubiera cinco preguntas, serían dos puntos de diez, no más, aunque entregues un best-seller. Y todavía te quedan ocho puntos por responder.

Discursos

Existen diferencias fundamentales entre presentar un trabajo por escrito o presentarlo oralmente, sobre todo si no quieres caer en el error de limitarte a leerlo delante de la clase.

Unas buenas notas serán tu salvavidas a la hora de ponerte de pie y decir lo que tienes en la cabeza. Actuarán como entradas para recordarte lo que debes decir a continuación, y te darán seguridad para pasar la prueba.

Sin embargo, las notas pueden ser también un apoyo que no garantice el éxito, pero sí el aburrimiento de tus oyentes. Seguramente habrás visto a mucha gente ponerse en frente de su audiencia y limitarse a leer los folios que tiene delante. Te garantizo, como novato relativo que soy en eso de hablar en público, que cometerás al menos uno (o todos) de los llamados **"tres errores"** si te llevas todo el trabajo contigo:

- **LEER DIRECTAMENTE TU TRABAJO** sin establecer contacto visual con tu público. Con esto sólo conseguirás perder su interés y tu credibilidad. ¿Cuánto puedes saber sobre el tema si tienes que leer el discurso entero?
- Si dejas de mirar un segundo para decir algo que no habías preparado o para mirar a tus oyentes, **TE PERDERÁS**. Es mucho más difícil encontrar la palabra clave que te recuerde por dónde ibas en un folio entero que en una ficha.
- **NO DOMINAR** tanto **LA SITUACIÓN** porque, después de todo, tienes el trabajo contigo. ¿Para qué preocuparte por memorizar o ensayar nada?

Prepararse para estar preparado

¿Qué clase de discurso voy a dar exactamente? Lo más seguro, si vas a dar un discurso para la clase, es que esté en una de estas categorías:

- **EXPOSICIÓN**: presentar de forma sencilla una serie de hechos.
- **ARGUMENTACIÓN**: intentar cambiar las opiniones de al menos una parte de la audiencia.
- **DESCRIPCIÓN**: ofrecer una imagen visual a tus oyentes.
- **NARRACIÓN**: contar una historia.

Los tipos de discurso más comunes en el colegio son la exposición y la argumentación. Te darás cuenta de que obtendrás y organizarás la información de este tipo de discursos de forma muy parecida a como lo haces con los trabajos escritos. Así que revisa el capítulo 8.

Una advertencia: si estás preparando un debate o argumentación, no te creas que no tienes que preparar también el otro punto de vista del debate sólo porque tienes que presentar una parte. Debes preparar las dos partes y estar listo para las preguntas y argumentos de la otra parte.

Mientras recoges información para el discurso, tomando notas en fichas como hiciste para tu trabajo escrito, recuerda lo siguiente: para poder ser eficaz, debes utilizar una serie de técnicas diferentes cuando cuentas un tema que cuando lo escribes.

Aquí tienes algunas:

- **NO TE EXTIENDAS DEMASIADO EN EL TEMA**. Este consejo, que también sirve para los trabajos escritos, es todavía más importante a la hora de preparar un discurso. Trata de dar un discurso eficaz sobre el nazismo, las novelas de Cervantes o los políticos franceses en quince minutos, que es el tiempo que normalmente se da para estos discursos. ¡Se necesitarían libros y libros para hablar de estos temas!

  Sin embargo, si acotas estos temas, se harán mucho más manejables. Así, podemos hablar de la doctrina de *Mein Kampf*, de las *Novelas Ejemplares* o del "cartel de las izquierdas" durante la depresión de la postguerra en Francia. Delimitar el campo de tu trabajo te ayudará a documentarte y organizarte de manera más eficaz.

- **NO ABUSES DE LAS ESTADÍSTICAS**. Aunque son muy importantes para dar credibilidad a lo que dices, si las utilizas constantemente harán tu discurso muy pesado y aburrirán a tu público.

- **LAS ANÉCDOTAS DAN COLOR Y VIDA A LOS DISCURSOS**. Utilízalas de vez en cuando, porque de lo contrario pueden ralentizar mucho el discurso. Utiliza una frase clave antes de que empiecen a bostezar.
- **TEN CUIDADO CON LAS CITAS**. A diferencia de lo que ocurre por escrito, un discurso te permite establecerte como una autoridad con menos riesgo de ser acusado de plagio. Así que puedes presentar muchos más hechos sin atribuirlos. (De todas maneras, es mejor que lleves contigo las fuentes). Puedes utilizar citas cuando se trata de un lenguaje característico o suscita una emoción. En estos casos asegúrate de proporcionar las fuentes.

También he descubierto que intentar mezclar un puñado de folios delante de la clase es mucho más difícil que las fichas de notas que se ajustan en la palma de la mano y son mucho más manejables. Pero sólo si las anotaciones que hay en ellas son cortas y directas y actúan como "gatillos" de una escopeta más que como fichas de apuntes literales. Es casi tan difícil manejar trescientas fichas como un taco de folios.

Cuanto más breves sean los apuntes de tus fichas, más eficaz será tu discurso.

RECUERDA: los apuntes de las fichas te servirán para empezar a hablar, así que escribe ideas, no oraciones enteras. Cuanto más breves sean tus apuntes y cuanto más practiques el discurso para que cada ficha te proporcione la información que necesitas, más eficaz será tu discurso. (Y menos tendrás que mirar hacia abajo, estableciendo un mayor contacto visual con la clase y con el profesor).

Aquí tienes otros trucos para que tu discurso sea más eficaz:

- **ELIGE A ALGUIEN PARA QUE HAGA DE PÚBLICO,** preferiblemente un amigo, aunque también puede servir un ser inanimado o alguien interesado, y dirige tu discurso hacia él.
- **PRACTICA TU DISCURSO UNA Y OTRA Y OTRA VEZ.** Los nervios suelen ser el resultado de la falta de confianza. Cuanto más confíes en tu control del discurso, menos nervioso te pondrás y más natural resultará tu presentación.
- Si eres como yo y sufres de "temblores" involuntarios sólo de pensar en hablar delante de mucha gente, **ASEGÚRATE DE PODER APOYARTE EN UN ATRIL, PUPITRE O ALGO POR EL ESTILO.**
- **RESPIRA HONDO ANTES DE PONERTE DELANTE DE LA CLASE.** No te preocupes si haces alguna pausa, vuelve a respirar una o dos veces si ves que te pierdes o no estás seguro de ti mismo.
- Si ningún truco de este mundo logra tranquilizarte, **PLANTÉATE HACER UN CURSO** de cómo aprender a hablar en público o algún tipo de ayuda extraescolar de ese tipo.

Los verbos de mandato más frecuentes en las preguntas de examen

ANALIZAR: examinar y formar juicio sobre las virtudes y los defectos. Parecido a criticar.

COMPARAR: examinar dos o más objetos, ideas o personas para descubrir sus relaciones, diferencias o semejanzas.

CONTRASTAR: mostrar las diferencias entre varias personas o cosas. Es similar a diferenciar y a distinguir.

DEFINIR: fijar con claridad, exactitud y precisión el significado de una palabra o la naturaleza de una persona o cosa.

DESCRIBIR: definir dando una idea general de las partes, propiedades, aspecto, etc.

DISCUTIR: examinar una cuestión argumentando, comentando, etc. Debatir, buscar soluciones.

ENUMERAR: nombrar varias cosas, argumentos, etc., uno detrás de otro.

EVALUAR: estimar el valor de una idea, comentario, etc., y justificar la conclusión.

EXPLICAR: precisar el significado de algo.

EXPONER: poner de manifiesto hechos de forma clara y concisa. Similar a nombrar, enumerar, indicar, identificar, hacer una lista, citar.

ILUSTRAR: explicar por medio de ejemplos específicos o analogías.

INTERPRETAR: explicar el significado de algo mediante una paráfrasis, una traducción o una explicación basada en tu opinión personal.

JUSTIFICAR: defender una idea o conclusión. Parecido a sostener.

NARRAR: relatar una historia o cómo ha ocurrido cierto suceso desde el principio hasta el final. Parecido a describir, pero sólo aplicable a algo que ocurre en el mismo momento.

PROBAR: establecer la verdad o autenticidad mediante la demostración o la argumentación. Parecido a mostrar, explicar el porqué, demostrar. (En Matemáticas, verificar la validez mediante una demostración matemática).

RELATAR: contar un suceso y/o circunstancia, normalmente estableciendo asociaciones, conexiones o relaciones.

RESUMIR: establecer de forma concisa, omitiendo los detalles y los ejemplos.

REVISAR: repasar un tema, acontecimiento o idea, de forma general pero crítica. Parecido a describir, discutir, ilustrar, trazar, resumir. Algunos profesores utilizan estos términos como sinónimos, aunque haya pequeñas diferencias entre unos y otros.

SEÑALAR: Determinar el transcurso de una idea, una circunstancia, etc.

TRAZAR: hacer un recorrido general, perfil o esquema, señalando sólo las ideas fundamentales de un libro, un sujeto o un proyecto.

Escribir con TDA

A todos nos preocupan y entristecen los jóvenes que toman fármacos ilegales. Pero también debemos afrontar y luchar por lo que les está ocurriendo a más de tres millones de personas que toman fármacos legales, como Ritalin, el fármaco recetado a los niños con TDA o *trastorno por déficit de atención*, con hiperactividad o con la combinación de ambos (TDA/H).

Podría escribir un libro entero sobre el TDA, que parece ser el "diagnóstico preferido" para los escolares de hoy en día. Por suerte, no tengo que hacerlo. Thom Hartmann ya ha escrito uno, *Attention Deficit Disorder: A different Perception*

(Trastorno por déficit de atención: una percepción diferente) que he tomado prestado (con su permiso) para elaborar este capítulo.

Dejaré que otros discutan si el TDA existe en la actualidad como un trastorno propiamente dicho, si es el diagnóstico "comodín" de los médicos perezosos o si los profesores están atribuyendo a los niños esta enfermedad para evitar asumir responsabilidades por las deficientes capacidades de aprendizaje de los estudiantes. También dejaré que otros discutan si Ritalin es un fármaco milagroso o está transformando a niños creativos en aletargados conformistas.

Se siguen escuchando todas estas declaraciones mientras, a diario, cientos de niños siguen siendo medicados. El debate sobre el TDA es muy probable que continúe... y se acalore.

Ése no es mi objetivo en este libro.

Lo que pretendo aquí es analizar el hecho de que muchos niños, independientemente de que hayan sido "etiquetados" como enfermos de TDA, tienen serios problemas en el colegio. Quiero darles el consejo que necesitan, sobre todo en lo que se refiere a tomar apuntes, para contener los síntomas del denominado TDA.

Algunas definiciones, por favor

¿Qué significa TDA? Probablemente la forma más sencilla de describir el TDA es como la dificultad de una persona para prestar atención a una misma cosa durante un breve período de tiempo. Las personas con TDA se caracterizan por distraerse con facilidad, ser impacientes, impulsivos y buscar recompensas inmediatas. Suelen tener dificultad para escuchar a los demás y realizar tareas que ellos consideran "aburridas" (como sentarse y estar quietos en clase, o, de adultos, para hacer el balance de los talonarios). "Desorganizados" y "difíciles" son las palabras que más se oyen para describirlos.

La hiperactividad, por otra parte, se define más claramente como "no poder parar quieto", un exceso de actividad irrelevante para la tarea o la situación. Normalmente se dice que las personas hiperactivas tienen "hormigas en los pantalones". El TDA/H, la primera categoría reconocida en medicina hace unos 75 años, es una combinación de hiperactividad y TDA.

Según la Asociación Americana de Psiquiatría, una persona con TDA/H presenta ocho o más rasgos de los catorce que cito a continuación:

1. Tienen dificultades para permanecer sentados cuando se lo piden.
2. Se distraen con facilidad por cualquier cosa.
3. Les cuesta centrarse en una tarea o actividad.
4. Pasan de una actividad a otra sin acabar la primera.
5. Están continuamente moviéndose o revolviéndose (o distraídos mentalmente).
6. No pueden (o no quieren) esperar su turno en las actividades de grupo.
7. Se apresuran a contestar antes de que hayan terminado de hacerles la pregunta.
8. Tienen problemas para hacer sus tareas o su trabajo.
9. No pueden jugar tranquilamente.
10. Su impulsividad les lleva a menudo a ponerse en situaciones de riesgo sin importarles las consecuencias.
11. Suelen perder los objetos de clase (lapiceros, folios) o los trabajos.
12. Suelen interrumpir a los demás de forma inapropiada.

13. Hablan mucho y de forma atropellada.

14. Parece como si no escucharan lo que se les dice.

Rasgos característicos de las personas con TDA

Vamos a analizar detenidamente las características que se atribuyen a las personas con TDA:

- **SE DISTRAEN FÁCILMENTE**: como siempre están intentando "captar" todo lo que pasa a su alrededor, les cuesta trabajo centrarse en una sola cosa. Intenta mantener una conversación con una persona con TDA cuando el televisor está encendido y lo verás.
- **TIENEN BREVES, PERO INTENSOS MOMENTOS DE ATENCIÓN**: aunque no puede medirse en términos de minutos u horas, todo lo que las personas con TDA encuentran aburrido inmediatamente deja de captar su atención. En cambio, si algo les llama la atención pueden ensimismarse en ello horas e incluso días.
- **DESORDENADOS**. Por lo general, los niños con TDA no son organizados: su habitación está desordenada, por su pupitre parece que haya pasado el séptimo de caballería y sus carpetas son un caos. Aunque hay muchas personas igual de desordenadas y desorganizadas sin TDA, normalmente encuentran lo que buscan y las personas con TDA no.
- **FALTA DE NOCIÓN DEL TIEMPO**: las personas con TDA tienen una urgencia exagerada cuando trabajan en algo y una sensación de

aburrimiento también desproporcionada cuando no tienen nada que hacer.

- **DIFICULTAD PARA SEGUIR INSTRUCCIONES**: una nueva teoría sobre este aspecto sostiene que las personas con TDA tienen dificultades para procesar información auditiva o verbal. Un aspecto significativo de esta dificultad se refleja en los frecuentes informes de sus padres, que dicen que les encanta ver la televisión y odian leer.

- **SUEÑAN DESPIERTOS**: cayendo en depresiones o cambiando constantemente de humor.

- **LES GUSTA EL RIESGO**. Las personas con TDA suelen tomar decisiones mucho más precipitadas que aquéllos que no lo tienen. Por ese motivo Thom Hartmann y Wilson Harrell, antiguo editor de la revista *Inc*. y autor de *For Entrepreneurs Only*, llegaron a la conclusión de que la mayor parte de los empresarios con éxito tienen TDA. Los denominan "cazadores", en contraposición a aquéllos más juiciosos o "granjeros".

- **SE FRUSTRAN CON FACILIDAD Y SON IMPACIENTES**: no se toman las bromas con mucha alegría. Son directos y van al grano. Cuando las cosas no marchan como deberían, su respuesta inmediata es "¡Haz algo!", incluso si ese algo no es buena idea.

Por qué los niños con TDA tienen problemas en el colegio

En primer lugar, dice Thom Hartmann, es porque el colegio está hecho para los "granjeros": siéntate, haz lo que se te dice, mira, escucha al profesor. Es un infierno para los "cazadores" con TDA.

Y cuanto mayor es el aula, peor. Recuerda que los niños con TDA se distraen con facilidad, se aburren, desconectan y siempre están moviéndose.

¿A qué tipo de colegio le gustaría ir a tu hijo o hija con TDA? ¿Qué puedes hacer en casa para ayudar a tu hijo (tú mismo)? Hartmann tiene algunas respuestas válidas:

- El aprendizaje tiene que estar basado en el proyecto y la experiencia, ofreciendo más oportunidades para la creatividad y menos "bites" de información. Muchos programas "inteligentes" ofrecen exactamente esas oportunidades. El problema de muchos niños con TDA es que se han pasado años en programas "ineficaces", en aulas del tipo "granjero" y catalogados como niños con problemas de comportamiento y bajo rendimiento, seguramente fruto de los programas que asignaron para ellos. Muchos padres dicen que los niños con TDA, que suspenden lamentablemente en las escuelas públicas, logran sin embargo prosperar en las escuelas privadas. Hartmann atribuye este hecho al reducido tamaño del aula, a la atención individualizada con objetivos específicos bien marcados, a un proyecto base de aprendizaje y a los métodos que normalmente se utilizan en este tipo de escuelas. Estos factores son precisamente los que les hacen avanzar.
- Una vez a la semana, el profesor y los padres del alumno deberían tener una charla sobre el trabajo que ha realizado el alumno, ya sea positivo o negativo. "Si se elabora un sistema más allá del alumno", dice Hartmann, "se le puede ayudar en sus tareas y a su debido tiempo".

- Estimular al alumno ofreciéndole la posibilidad de ganar puntos extra mediante la realización de trabajos especiales: los trabajos dan a los niños con TDA la oportunidad de aprender de la forma más adecuada para ellos, y de compensarlos con los aburridos "deberes".
- Nunca se les debe recordar que tienen un "trastorno". Los niños reaccionan ante las etiquetas, sobre todo ante las negativas, y mucho más cuando son adultos. Decirle que tiene "una carencia y un trastorno" es contraproducente y de nada servirá.

- Piénsalo dos veces antes de someterle a medicación: pero no lo descartes como una posibilidad. Hartmann está realmente preocupado por los efectos a largo plazo de los fármacos que normalmente se recetan a los enfermos de TDA. También ha notado que corren el riesgo de abusar de esa sustancia de adultos. Por ese motivo, comenzar a medicarse tan joven da qué pensar. Por otra parte, si un niño con TDA no cuenta con los requisitos necesarios para poder aprender en clase, no medicarle puede ser un desastre. "Los desconocidos efectos a largo plazo que puede tener la terapia", dice Hartmann, "pueden ser insignificantes si se comparan con las ventajas a corto plazo de mejorar en el colegio".

Consejos específicos a la hora de presentar trabajos

- **DISTRIBUYE BIEN EL TIEMPO QUE VAS A DEDICAR A CADA TAREA.** Las personas con TDA suelen dedicar menos tiempo a las tareas pero mucha atención y calidad. Así que, para ellos, es absolutamente esencial mi consejo de distribuir el trabajo en tareas más cortas y llevaderas, elegir un argumento, iniciar la documentación en la biblioteca, escribir un borrador preliminar, etc. Este tipo de estudiantes debe dividir a su vez estas tareas en otras más fáciles de realizar. Por ejemplo, distribuir el paso de documentarse en la biblioteca en los siguientes:

1) buscar los libros pertinentes en el archivo
2) buscar los artículos de periódico
3) leer y tomar notas del primer libro, etc.

- **DISTRIBUYE TODO EL TRABAJO EN OBJETIVOS ESPECÍFICOS.** Las personas con TDA funcionan mejor guiándose por objetivos; en cuanto han conseguido uno, ya están en el siguiente. Haz que los objetivos sean específicos, definidos y alcanzables. Concéntrate siempre en uno solo.

- **ESTUDIA EN UN LUGAR EN EL QUE NO PUEDAS DISTRAERTE.** Henry David Thoreau (que evidentemente sufría de TDA, por cierto) estaba tan desesperado intentando no distraerse que se trasladó al solitario Lago Walden. Distribuye tu tiempo y organiza tu lugar de trabajo para crear tu propio "Lago Walden". Otro truco: limpia tu mesa de trabajo todos los días cuando termines, esto disminuirá tus distracciones a la hora de escribir.

- **INTENTA EDUCAR TUS MOMENTOS DE ATENCIÓN.** Seguramente las personas con TDA no serán nunca capaces de educarse para ignorar por completo las distracciones, pero una serie de técnicas de meditación puede ayudarles a concentrarse durante más tiempo.

Índice general
y de materias